DELIUS KLASING

FRED POULET

# 21 KURVEN

## MARCO PANTANI UND DER MYTHOS ALPE D'HUEZ

Übersetzt aus dem Französischen
von Robert Paulig

DELIUS KLASING VERLAG

# INHALT

**»AM TELEFON SAGTE ER MIR, ER HOFFE, DASS ICH GLÜCKLICH SEI.«**

*Christina Jonsson*

# DIE EBENE

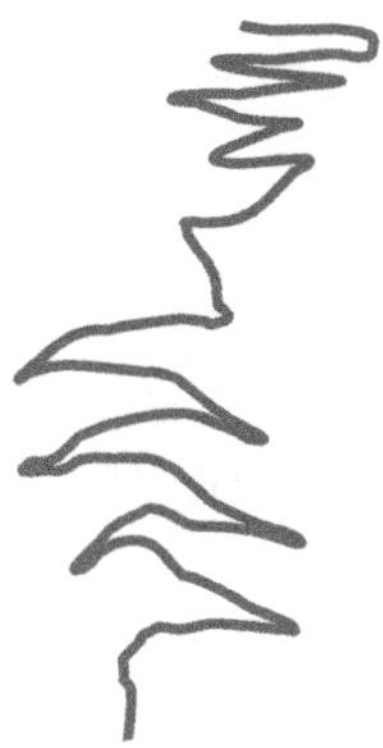

*Che confusione*. Die Tour de France ist das reinste Chaos, der Radsport ist das reinste Chaos, das Leben ist das reinste Chaos, in meinem Kopf herrscht das reinste Chaos. Wer ein Lied mit den beiden Worten *Che confusione* beginnt, ist ein Genie. Du betrittst die Bühne, gehst gemächlich ans Mikro und dann legst du los: *Che confusione*. Du weißt, dass du bereits alles gesagt hast, du weißt, dass du zu Menschen sprichst. Beim nächsten Karaoke werde ich es ganz genauso machen: Ich werde zum Mikro schreiten, eine Hand in der Hosentasche, am besten mit leerem Blick in die Ferne. *Che confusione* … Was für ein Chaos, in diesem Vorort mit seinem Gewerbegebiet und seinen vierspurigen Straßen. Diese Stadt ist abscheulich. Das macht geniale Lieder aus: Irgendein Typ hat eines Tages den Song geschrieben, woran auch immer er dabei dachte, doch ich spüre, dass er ihn für mich geschrieben hat. Das ist mein Lied, sorry. Der Typ konnte nicht ahnen, dass ich das Lied in einem Hotelzimmer in Saint-Étienne anhöre, dabei aus dem Fenster auf diesen gottverdammten Parkplatz schaue, dass mein Leben ein einziges Chaos ist. Zwar kann er all das nicht wissen, und doch wollte er gerade deshalb, dass die ersten Worte *Che confusione* lauten. Sein Lied geht über seine persönlichen Erfahrungen hinaus. Wenn man etwas sehr gut hinbekommt, wird man immer von dem eigenen Werk überwältigt. Er hat beschlossen, sein Lied mit dieser Zeile zu beginnen, und damit ist er selbst in den Hintergrund gerückt. Er weiß nicht, dass ich morgen die einundzwanzig Kehren nach Alpe d'Huez hinaufklettern und dieses Lied singen werde, wenn ich das Peloton in Grund und Boden fahre. Achtung, Il Pirata wetzt die Messer, *che confusione!* Der kleine Glatzkopf lässt es krachen, so wie 1995. Der kleine Glatzkopf knallt in einen Geländewagen, der kleine

Glatzkopf lernt auf Krücken die Liebe kennen, was für ein Chaos! Natürlich ist es so, weil ich dich liebe! *Sarà perché ti amo,* anfangs ist man sich nicht sicher, man weiß es nicht und sagt sich: Es muss so sein. Jetzt weiß ich es. Ich habe mir nichts sehnlicher gewünscht als die Liebe, ich habe sie endlich gefunden, und doch werde ich keine Ruhe mehr haben. Der Typ – eine Bohnenstange, ich erinnere mich nicht mehr an seinen Namen – beginnt sein Lied mit den Worten „Was für ein Chaos", weil er wusste, dass die nächste Zeile „Es muss so sein, weil ich dich liebe" lauten würde. Mein ganzes Leben spielt sich zwischen diesen beiden Zeilen ab, sie markieren die gegenwärtigen Grenzen meiner Existenz. Alles, was zwischen Kurve 21 und 1 passiert, befindet sich zwischen diesen beiden Zeilen. Der Typ, der sich den Anfang der Strophe ausgedacht hat, muss gewusst haben, wie sehr ich das brauche. Ein Jahr ohne Rad: Ich habe gemalt, ich habe geschrieben, ich habe Charly aufgesucht, es muss so sein, weil ich dich liebe. Für alles, was ich vor dir gemacht habe – klettern, hinfallen, aufstehen und gewinnen – und für alles, was ich seit dir gemacht habe – mich verlieren, zu mir selbst zurückfinden – und für alles, was ich verdammt noch mal tun werde, gilt natürlich: *sarà perché ti amo*. Das ist alles, was ich dir sagen möchte, nur leider gehöre ich nicht zu denjenigen, die ihre Gefühle leicht in Worte fassen können. *È un'emozione Che cresce piano piano*. Da ich nicht weiß, wie ich dieses Gefühl in Worte fassen soll, schwillt es an, nimmt den gesamten Lebensraum ein und schließlich sämtliche Luft zum Atmen, sodass ich um jeden weiteren Atemzug kämpfen muss und es am Ende doch nur unterdrücken kann, ehe es erneut anschwillt. So sehr ich es mir gewünscht habe, ich kann es nicht kontrollieren. Damit dieses Gefühl weiter wachsen kann, ohne mich zu töten, muss mein Leben mitwachsen, muss ich wachsen, ich bin noch ganz klein. *Stringimi forte,* damit ich wachsen kann. Man kann niemanden festhalten, wenn man nicht liebt. Es ist eine zu große Lüge, ein allzu durchschaubares Bekenntnis. Du kannst so weit weggehen, wie du willst, aber wenn du zurückkommst, dann halt mich fest.

*Se ci sto bene sarà perché ti amo.* Sei du selbst, lass mich wachsen, und wenn es mir gut geht, dann muss es so sein, weil ich dich liebe. Dabei bin ich mir sicher, dass ich zu hässlich und zu blöd bin, dass dein Interesse an mir auf einem Missverständnis beruht. Das macht mir zu schaffen, und ich habe Angst, dass ich dem nie gewachsen sein werde, habe Angst, dass du mich betrügst, aber *wenn es mir gut geht …* Es ist schon komisch, bevor mich die Liebe zersetzt hat, habe ich beim Musikhören vor allem auf die Melodie geachtet; seit ich dich liebe, sind es die Worte, die mich aufwühlen. Das Lied, das ich letztes Jahr aufgenommen habe, hätte ich selbst schreiben sollen. Doch ich hatte nicht genug Selbstvertrauen. Die Texterin hat sich zwar ganz gut geschlagen, aber es fehlt an *Selbstverständnis und Tiefe*. Ah, jetzt erinnere ich mich an seinen Namen: Er heißt Enzo Ghinazzi. Die Komponistin meines Liedes lag schon in der ersten Strophe daneben, darin heißt es sinngemäß: *Am Meer bin ich geboren, Berge sind mein Halt* (so weit, so gut), dann aber *Jage Illusionen pur, finde Emotionen nur.* Das ist allerdings nicht so gut. Außerdem ist es falsch, vielmehr ist das Gegenteil der Fall: Ich suche Emotionen, finde aber nur Illusionen. Nur um des Wortspiels willen begeht sie einen weiteren Fehler: *La bici l'ho voluta io e tiro la volata ormai. Tiro la volata*. Ich habe noch nie in einen Sprint reingehalten, das ist überhaupt nicht meine Aufgabe. Für einen Kletterer wie mich ist das doch eine Beleidigung. Zum Glück ist das Lied nur einem kleinen Kreis zu Ohren gekommen. Ich werde den Text selbst schreiben, werde ihn jeden Tag verfeinern, dann gehe ich wieder ins Studio und kann Ihnen versichern, dass das Ganze eine gänzlich andere Hausnummer sein wird.

*Cade una stella*. Eines Nachts erblickte ich eine Sternschnuppe, die senkrecht in den Himmel emporstieg. Es hatte sicherlich mit der Perspektive zu tun, aber ich weiß, dass nicht alle Sternschnuppen vom Himmel fallen, und ich wünschte, der Schweifstern, den ich erblickte, würde mir helfen, weiter daran zu glauben. Dieser Enzo Ghinazzi ist ein Genie, er geht mir nicht mehr aus dem Kopf! Ich gewinne hier 1995, erlebe einen kometenhaften

Aufstieg, und zwei Monate später krache ich mit voller Wucht in ein Auto. Wie lautete gleich die Diagnose? Doppelte Sternfraktur. Ich werde es mit einer Kontaktaufnahme versuchen, der Bekanntheitsgrad wird sicherlich helfen. Ich würde mit ihm gern über die Mystik sprechen, die uns verbindet. Er soll mir sagen, ob ein Stern immer vom Himmel fällt oder ob ich weiter daran glauben soll, dass er auch emporsteigen kann. Ich würde mit ihm gern den Abend auf der Terrasse verbringen und mit ihm über all diese Dinge reden, anstatt mich allein in meinem Zimmer zu langweilen. Warum essen wir eigentlich so zeitig? *Ma dimmi dove siamo,* sag mir bitte, was ich in dieser Stadt und in diesem Zimmer mache… Dieser Ort ist prädestiniert dafür, um im Nu depressiv zu werden. Das Zeitfahren heute war zu kurz, ich bin einfach noch nicht erschöpft genug und werde nie im Leben einschlafen können. Sag mir, wo wir sind… Weiß sie es? Oder ist es nur eine Art, sich die Frage gemeinsam zu stellen? Dein Ort und mein Ort verschmelzen miteinander zu einem neuen Ort. Wir wissen nicht, wo er ist – weder du noch ich. Er ist dort, wo wir sind. Also, *dimmi dove siamo,* sag mir, wo die Sternschnuppen aufsteigen und niemals vergehen, sondern nur in den Augen jener verblassen, die nicht an sie glauben.

*Sempre più in alto si va.* Siehst du, ich habe es dir gesagt: Der Stern steigt immer weiter empor. Immer weiter hinaufklettern, intensiver leben, intensiver lieben, immer. Die mechanische Verbindung, die zwischen dem Rad und mir besteht, lässt sich nicht aufhalten. Es handelt sich um ein Perpetuum mobile. Hosianna, jeder Pedaltritt ist ein Gebet! Höher, immer höher, in den höchsten Himmel hinauf. Ein Kletterer muss sterben, bevor er wieder hinabfährt, oder nicht sterben, und du musst mit mir fliegen. Und an dieser Stelle, meine sehr verehrten Damen und Herren, holt Enzo Ghinazzi zu seinem Meisterstück aus: der Todesstoß, der unwiderstehliche Antritt. Er schreibt: *Il mondo è matto perché.* „Perché" – „weil" … Danach hört der Satz einfach auf. Die Welt ist verrückt, weil. Punkt. Er bringt in diesem Nichts alles zum Ausdruck: weil es eben so ist, darum halt, und eben auch aus allen möglichen und unmöglichen Gründen, die man hinter diesem „weil" anführen könnte, einschließlich des *ti amo,* das er nicht ausspricht. Chapeau, Künstler. Bücher halten mich vom Denken ab und führen mir meine Unwissenheit vor Augen; Lieder hingegen sind so erhaben, dass ich mich dem Geheimnisvollen hingeben kann.

*Basta una sola canzone per far confusione.* Schon ein einziges Lied genügt, um sich über das Chaos zu legen, das von der Liebe ausgeht, um mich die Konturen und Linien deutlicher wahrnehmen zu lassen, bis ich die Zeichnung schließlich erkennen kann. Ein Lied genügt, um die Hieroglyphen der verschlüsselten Botschaft, die uns das Leben schenkt, zu vollenden und daraus verständliche Worte zu machen. Innen wie außen. *Fuori e dentro di te.* Alles, was ich vor der Begegnung mit der Liebe für mein Ich hielt, verdammt, *confusione.* Die Tour de France und die Liebe, der Landarbeiter und der Pirat, die Öffentlichkeit und die Einsamkeit, das Chaos in mir und um mich herum. In diesem Moment weiß Enzo Ghinazzi, dass er alles gesagt hat, also wiederholt er die vorherigen Verse, damit man sie mitsingt und damit sie sich im Kopf festsetzen und dort ihre Arbeit verrichten. Nachdem die Strophen zweimal wiederholt worden sind, haut er einen Satz heraus, der sich wie ein Bergpass in der Ebene anfühlt, wie Cesenaticos berühmtes Hochhaus *Grattacielo: Se cade il mondo, allora ci spostiamo.* Selbst wenn die Welt zusammenfällt, hab keine Angst – geh einfach ein bisschen zur Seite … Er hat verstanden, dass die Welt nur so groß ist, wie du sie groß werden lässt. Wenn dich die Liebe hat so weit wachsen lassen, dass du weiter atmen kannst, dann schau auf die Welt, die dir zu Füßen liegt; fällt sie zusammen, dann gehe einfach einen Schritt zur Seite. Die Liebe ist größer als die Welt. Die Welt reicht niemals an die Liebe heran.

Der Himmel hat eine wunderbare Farbe, das Licht lässt den Parkplatz beinahe schön erscheinen.

*Stringimi forte, e stammi più vicino È cosi bello, che non mi sembra vero*

*Se il mondo è matto, che cosa c'è di strano Matto per matto, al meno noi ci amiamo*

*E vola vola si sa, sempre più in alto si va E vola vola con me, il mondo è matto …*

Bumm, bumm! Wie eine Basstrommel hämmert es gegen die Wand. Scheiße, manche schlafen schon, es ist deprimierend.

# 21

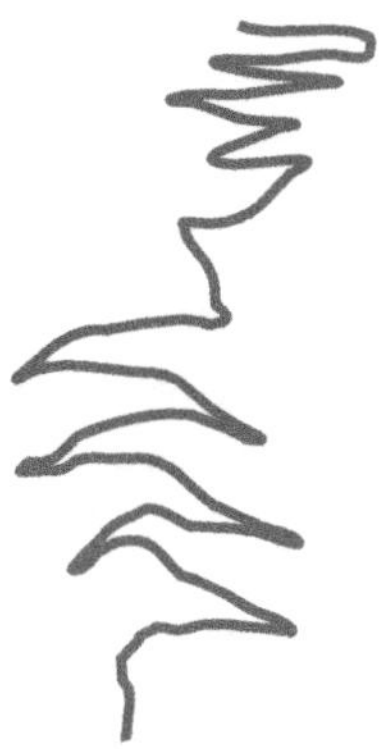

Ich habe große Lust, mein Rad auseinanderzubauen. Ich will es auseinander- und dann wieder zusammenbauen und dabei Radio Studio Delta hören. *Se bastasse una buona canzone…* Lager und Kette ölen, in die Kette hineinhören und sie so lange schmieren, bis sie genau so klingt, wie eine gut geölte Kette klingen muss. Mit einem Fensterleder über den Rahmen wischen und dann alles wieder zusammenbauen. *Se bastasse una grande canzone…* Warum nur isst man als Radsportler so früh zu Abend? Warum finden die Grand Tours statt, wenn die Tage am längsten sind? Schon seit zwei Stunden versuche ich in meinem Zimmer, die Zeit totzuschlagen, und draußen ist es immer noch hell. Unter dem Fenster meines Hotelzimmers wirft der Mannschaftsbus von Mercatone Uno Schatten, während sich auf dem Parkplatz zwei Mechaniker in kurzen Hosen unterhalten. Es scheint, als würde es nie dunkel werden. Es scheint fast so, als würde sich jede einzelne Minute vor mir mit einem hämischen Grinsen in die Länge ziehen. Gefangen in meinem Zimmer – wie damals, als mich mein Vater bestrafte, wenn ich wieder zu spät von meinen Radtouren nach Hause kam. Von Cesenatico sind es fast 30 Kilometer zu den ersten Anstiegen, das macht hin und zurück knapp zwei Stunden. Eine Ausfahrt unter drei Stunden war sinnlos, aber mein Vater wollte das nie verstehen. Für Dinge, die mich betreffen, zeigte er generell nicht viel Verständnis. Er wollte es einfach nie verstehen. Bei Carrera war ich Teamkollege, man hat mich nicht nach meiner Meinung gefragt, ich habe mir ein Zimmer mit Chiesa geteilt, wir haben wenig miteinander geredet. Aber wenigstens verging die Zeit schneller. Jetzt hat Mercatone Uno ein Team um mich herum aufgebaut, eine *Nazionale Romagnola,* und ich wurde nicht einmal gefragt – seither hab ich ein Einzelzimmer. Vielleicht ist es auch besser so, Chiesa hat fürchterlich geschnarcht. Wenn ich an all die Stunden denke, in denen ich achterbahngleich seinem Schnarchen folgen musste, das sich nahezu heimlich, still und leise entspann und dann immer weiter anstieg, bis es laut dröhnend in einem Atemstillstand gipfelte, von dem ich jedes Mal befürchtete, es könnte ihn sein Leben kosten, ehe es nach einem kurzen Moment der Stille fast unbemerkt von Neuem losging… Ich frage mich, ob sich alle Radrennfahrer so langweilen wie ich. Cipollini hat womöglich einen ganzen Harem in seinem Zimmer, und Ullrich lutscht wahrscheinlich am Daumen, während er sein zusammengerolltes Gelbes Trikot befummelt. Ich weiß es nicht. Ich wünschte, ich würde gern lesen. In meinem ganzen Leben habe ich noch nie ein Buch gelesen. Da wäre es doch seltsam, wenn ich ausgerechnet jetzt damit anfangen würde.

Am liebsten würde ich diesen Tag, den es nicht gibt, so schnell wie möglich hinter mich bringen. Morgen erwartet mich die ganze Welt in Alpe d'Huez – und niemand hat mich gefragt, wie es mir heute geht. Der kleine Pass beim Zeitfahren auf 1.201 Metern Höhe war ein Witz dagegen. Oben bin ich vom Rennrad auf die Zeitfahrmaschine gewechselt, damit es nicht in der totalen Langeweile endete. Gestern der Ruhetag, heute das Zeitfahren: Ich habe das Gefühl, schon seit einer Ewigkeit in Saint-Étienne zu sein. Ich hasse Ruhetage, ich hasse Zeitfahren, ich hasse Jan Ullrich, und ich hasse den Abend vor Alpe d'Huez. Wie oft habe ich nun schon auf diesen Parkplatz gestarrt? Ich könnte ihn mit verbundenen Augen nachzeichnen. An nichts denken, die Fensterläden schließen und Schluss machen für heute. An nichts denken, was für ein komischer Ausdruck. Sollte es nicht eher heißen, die Gedanken auszuschalten? Aber *an nichts* denken, wie soll denn das gehen? Das hieße ja, doch an etwas zu denken, eben an nichts, das ist doch nicht möglich, oder? In jedem Fall kann es einem den Schlaf rauben. Dabei weiß man eigentlich, dass es unmöglich ist, nicht zu denken, weswegen ich an etwas denken muss, das mir beim Einschlafen hilft.

Während ich im Dunkeln daliege, muss ich mir eingestehen, dass sich ein Anflug von Angst in meinem Bauch breitmacht. Da haben sie ein Team um mich herum aufgebaut, und ich habe noch nichts gewonnen. Wenn ich es morgen verkacke, wird es langsam kritisch. Ich kann nichts dafür, dass mir beim Giro eine Katze in die Laufräder gerannt ist. Aber morgen zählts, da kommt meine Etappe. Ich versuche, mir die Bilder zu vergegenwärtigen, die mich in den Schlaf bringen – so wie ich es in der Entspannungstherapie gelernt habe: mich in meine Wohlfühlblase begeben, durch die Nase einatmen, ganz langsam durch den Mund ausatmen. Ich breite die Arme aus, male vor meinem geistigen Auge eine Lichtblase, mein Herzschlag verlangsamt sich, ich atme in den Bauch. Es warten einhundertachtzig Kilometer durch diverse Täler, ehe es die 21 Kehren nach oben geht – da muss ich vorne dabei sein. Einundzwanzig. Das war meine Startnummer, als ich hier 1995 den Sieg geholt habe. Ich sehe das als positives Vorzeichen. Vor meinem geistigen Auge lasse ich das Rennen von Anfang bis Ende ablaufen. Gleich zu Beginn kommt eine Passage mit mehr als 10 Prozent, das geht in die Beine. Bis zur ersten Kehre geht es ziemlich gerade bergauf, mein Herzschlag verlangsamt sich weiter, beim Ausatmen drückt mein Bauchnabel bis auf die Wirbelsäule, meine Arme sind schwer, meine Beine sind schwer, mein ganzer Körper ist schwer, angenehm schwer, und ich erlaube mir loszulassen und komme zu Kurve 21. Ich lasse alle Anspannung los, visualisiere die Anspannung, derer ich mich entledige, stelle mir die einundzwanzig Serpentinen vor, die es morgen hinaufzuklettern gilt, und mit jeder Kurve lässt die Angespanntheit weiter nach. Wie ein Wasserfall des Wohlbefindens macht sich die Entspannung in meinen Armen breit, die Schultern werden locker. Der Anstieg, den es zu erklimmen gilt, ist eine Ressource, ein wunderbares Zwischenspiel. Direkt vor der Kurve türmt sich senkrecht eine Felswand auf, es riecht nach warmem Gestein, nach Flucht; der Geruch von Trockenmauern in den Hügeln von Cesena liegt in der Luft. Das Flachstück zählt nicht, es ist nichts weiter als die Anfahrt zum Fuße des Anstiegs. Ich verachte die

Ebene, in der ich geboren wurde, ich löse mich von den flachen Ebenen Cesenaticos und vom Geruch des Meeres in Kurve 21, um den Anstieg, die Freiheit und die von der Sonne erwärmten Steine für mich zu gewinnen. Ich bin voll und ganz in meine innere Welt eingetaucht, ich habe unglaubliches Potenzial. Kurve 21 biegt nach rechts ab, und sobald man aus ihr herausfährt, hat man den ewigen Schnee im Blick. Nicht an den Hängen, die es hinaufgeht, sondern auf den gegenüberliegenden Gipfeln der anderen Talseite. Kurve 21, die erste Kehre, die Verheißung des Gipfels, wie alle, die mir neue Kraft geben werden, nachdem ich mich durch die Täler geschleppt habe. Die Straße steigt mit mehr als 10 Prozent an, und die ganze Welt blickt auf mich. Es fühlt sich an wie ein Schalter: Ich existiere nicht, ich existiere. Im Flachen würdigt mich das Peloton keines Blickes. Die anderen Fahrer versuchen noch nicht einmal herauszufinden, wo ich gerade bin, ich existiere nicht. Aber ab der ersten Kurve, sobald ich Kurve 21 erreiche, blitze ich auf. Ich stelle mir den Renntag ganz konkret vor, und ich bin vollkommen entspannt. Noch ist die Vegetation abwechslungsreich – Laub- und Nadelbäume, saftige Wiesen. Noch sind die Gipfel von den Baumwipfeln verdeckt. Ich fahre ganz dicht an die Idioten heran, die mich immer noch „Elefantino" nennen, und mit einem Lächeln auf den Lippen singe ich leise, ohne zu keuchen: *Liebes Kind, weine nicht, wenn das Herz mir auch bricht, schmieg dich an, ich bin für dich da, ich bin dir nah, mein liebes Kind.*

Anstelle von Dumbos Mutter ist die Verlobte des Piraten getreten. Ich bin ruhig, gelassen und friedlich. Nein, friedlich bin ich nicht, das funktioniert nicht. Ich habe Lust, mein Rad auseinanderzubauen, ich möchte Christina anrufen. Wie spät ist es? Sie fängt nie vor Mitternacht an zu tanzen. Wenn ich sie jetzt anrufe, dürfte sie Zeit haben, um ein wenig mit mir zu plaudern. Ich weiß nie so recht, was ich ihr sagen soll. Bevor ich sie anrufe, weiß ich es genau, und nachdem ich aufgelegt habe auch. Bevor ich sie anrufe, möchte ich ihr sagen, wie sehr ich sie liebe, wie sehr sie mich beeindruckt, wie wunderbar und unbegreiflich es ist, dass sie sich für den kleinen Landarbeiter aus der Romagna interessiert, dem früh die Haare ausgefallen sind und der in all seiner schäbigen Engstirnigkeit glaubte, eine Nutte vor sich zu haben. Sie wusste nicht einmal, wer ich war, sie ist fantastisch. *Sarà perché ti amo, cade una stella.* Ich kann nicht glauben, dass sie sich für mich interessiert, für den schmächtigen Schwächling, der sich wegdreht, wenn man ihn anspricht, ich kann dieses Wunder nicht glauben, sie interessiert sich für so viele Dinge. Bevor ich sie anrufe, hebe ich die Stimme und sage ihr, dass sie alles durchdringt: mich, den Sex, die anderen Frauen, sogar das Rad. Aber sobald sie abnimmt, stammele ich Banalitäten vor mich hin, verdächtige sie, bin ein Idiot. Dann legt sie auf, und ich finde die Eloquenz und die klaren Gedanken wieder.

## *23. JANUAR 1996

Muss mir über ein paar Dinge Gedanken machen und meine Haut retten. Aufschreiben, schriftlich festhalten, alles sichtbar machen. Die Gefahr lauert im Verborgenen, das Verborgene verschlingt mich. Es beginnt heute, jetzt sofort, damit ich überlebe. Livia hat ihren Chefs von mir erzählt, und ich habe eine Anstellung im Energy erhalten. Ich soll dort tanzen, um die Leute auf die Tanzfläche zu locken. Es ist grauenvoll, unglaublich erniedrigend als auch sexistisch – und doch konnte ich nicht ablehnen. Ich habe keine einzige Lira mehr in der Tasche.

Die Sachlage: Ich bin aus Dänemark weggegangen, um mich von meiner Familie, meinem Heimatland und mir selbst zu emanzipieren.

Phase 1: Südspanien. Ich bin Barkeeperin in einem Küstenort. Wenn ein junges Mädchen aus Skandinavien ohne Abschluss einen Job sucht, hängt ihr Marktwert davon ab, wie hoch das Potenzial einer gehobenen sexuellen Erfahrung mit ihr eingeschätzt wird. Denn unterm Strich lockt das die Kunden an. Die überwiegende Mehrheit der Kunden ist männlich und heterosexuell. Ich bin zu einer Freundin vor Ort gezogen und war deshalb nicht allein – *L'auberge espagnol,* bloß ohne Erasmus. Ich haue mein Gehalt fast vollständig auf den Kopf. Gepriesen sei die Tatsache, dass ich eine junge Dänin bin, gepriesen sei die Zeit, die ich nicht vergeude.

Erkenntnis 1: Keinerlei Ertrag, außer Spanisch gelernt zu haben.

Phase 2: Ich verlasse Spanien und versuche, mein Leben wieder selbst in die Hand zu nehmen. Meine Freundin kannte ein Mädchen an der italienischen Adriaküste, irgendwo bei Rimini. Livia – so ihr Name – arbeitete in einer Diskothek und stellte den Kontakt mit ihren Arbeitgebern her, die laut offizieller Verlautbarung eine „künstlerische Mitarbeiterin" suchten. Gemeint war: Sie brauchten eine Go-go-Tänzerin, die von einem leicht erhöhten Podest aus die Leute zum Tanzen animieren sollte. Ich habe den Job.

Erkenntnis 2: Gepriesen sei von nun an mein Körper. Zuletzt bestand seine Aufgabe darin, Gläser zu tragen, ohne deren Inhalt zu verschütten, hier geht es nur noch um ihn. Mein junger, begehrenswerter Körper befeuert den Kommerz, was für eine unerträgliche Niederlage. Nun bin ich die soziale Leiter noch weiter hinabgestiegen und habe einem noch viel schlimmeren Kompromiss zugestimmt. Wenn ich diese Niederlage akzeptiere, unterwerfe ich mich endgültig den Mechanismen der männlichen Gesellschaft und werde nur das sein, wozu man mich verurteilt hat.

Achtung!!! Was ich hier in diesem Heft festhalte, soll weder zu einem Tagebuch noch zu einem Ventil mutieren. Vielmehr geht es darum, die Situation klar und deutlich zu benennen, damit ich mir die Werkzeuge aneignen – zusammenstellen – kann, mit denen ich eine bewaffnete Terrorzelle in mir gründe, um einen wohlbekannten Gegner zu bekämpfen.

Resümee: Ich kann meinen Körper nicht einfach meinem Gegner ausliefern. Ich muss mir etwas einfallen lassen und Strategien erarbeiten, um mir meinen Körper und mein Leben zurückzuholen. Ich muss die Probleme umreißen und auflisten, denen ich dabei begegnen werde, und ich muss mir jedes Mal eine kreative Lösung überlegen.

Die möglichen Strategien

- Kämpfen wie ein Freischärler (eine Freischärlerin?), die Männer verführen und quälen und mein Leid so auf sie übergehen lassen. Keine Ahnung, ob das den Mechanismus aufhält; ich als Frau könnte weiterhin nur als Objekt betrachtet werden – ein gefährliches Objekt, eines mit Waffen. Ich bin nicht sonderlich gut darin, anderen Leid zuzufügen, und ich ziehe auch keinerlei Befriedigung daraus. Ein gewagtes Unterfangen also.
- Alle eintretenden Ereignisse präzise und bewusst aufeinander abstimmen. Hier herrscht der Zufall; man muss versuchen, ihm durch eine künstlerische Erzählung einen Sinn zu geben. Meine innige und kreative Beziehung zum Zufall finden.

Erkenntnis: Offensichtlich gibt es keinen anderen Ausweg, als dem, was mir auferlegt wurde, eine künstlerische Dimension zu verleihen (Mein Leben? Habe ich wirklich den Eindruck, dass mir mein Leben auferlegt wurde? Nähere Betrachtung lohnenswert).

Problem: Die Künstlerin wird Zwänge in der Realität suchen, um ein Werk zu erschaffen. Ich hingegen bin Tänzerin in einer Diskothek. Wie soll ich mich von der Realität lossagen, um das Werk sichtbar zu machen? Mit anderen Worten: Niemand sieht mir dabei zu, wie ich lebe, wie komme ich also in eine Galerie?

Ich sollte stark genug sein, um die Zwänge auszuhalten und mir selbst einen Ausweg (die Ausstellung) zu suchen.

Die Strategien

- Kurse an einer Kunstschule besuchen, mir ein Netzwerk aufbauen oder zumindest Unterstützung holen, damit das Werk sichtbar werden kann. Dann anfangen.
- Die Arbeit am Werk parallel zur Ausbildung beginnen. Meine Herangehensweise könnte Teil eines Abschlussprojekts sein.
- Sofort mit der Arbeit am Werk beginnen und auf Zufälle (Begegnungen) vertrauen, damit es auch wirklich zustande kommt.

Ich muss dringend meine Position zu diesen unterschiedlichen Strategien klären. Nie aus den Augen verlieren, dass die Zeit mein Feind ist. Sie nagt am Verlangen, an der Vitalität und normalisiert, indem sie dem Zweifel einen Nährboden bietet.

Über das Medium nachdenken.

# 20

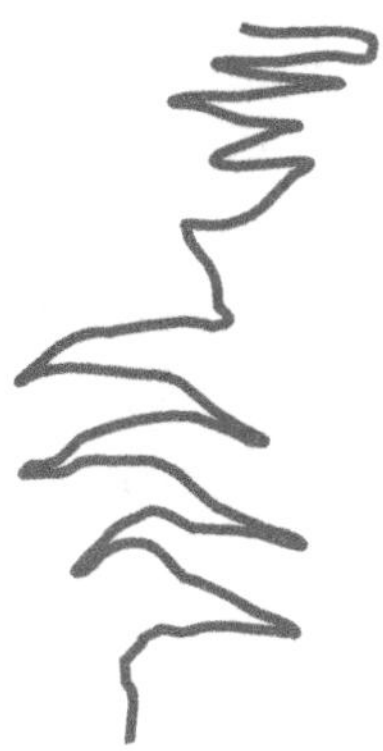

Ich atme in den Bauch, die Nacht sollte erholsam sein, mir neue Kraft schenken, und ich habe immer mehr Vertrauen in mich selbst. Warum macht sie diesen Job? In einer Bäckerei oder als Sekretärin würde sie doch genauso viel verdienen, aber sie hat sich dafür entschieden – und ich will nicht glauben, dass sie sich wirklich dafür entschieden hat –, ihren Lebensunterhalt damit zu verdienen, dass andere Leute sie anschauen. Dabei sollte nur ich sie anschauen dürfen. Sie zeigt sich vor anderen, und das ist eine ständige Herausforderung, ein Wettkampf, den ich tagein, tagaus gegen meinen eigenen Stumpfsinn gewinnen muss. Ich puste die Luft durch den Mund, ich bin in der Lage, meine Emotionen im Zaum zu halten. Ich komme zu Kurve 20, einer Linkskehre. Sie verheißt langes Leiden. Dort lasse ich den ganzen Schwachsinn des kleinen Dummkopfs aus der Romagna am Straßenrand zurück und fokussiere mich auf den Anstieg. Felswände rechts, Felswände gegenüber am Ende der Geraden, Felswände links, aber unregelmäßiger als auf der anderen Talseite. In Kurve 20 lasse ich all meine Vorurteile zurück – sie stürzen den Abhang hinab und zerbersten im darunterliegenden Tal.

Guten Abend, hier ist Marco … Ja, in den Alpen … Danke … Versprochen. Kannst du mir Christina geben?

Sie wird geholt. Das Warten steigert die Nervosität, die mich immer umgibt, bevor sie rangeht. Ich hätte sie nicht anrufen sollen, ich Idiot. Jetzt hoffe ich, dass sie sich noch nicht umgezogen hat und nicht mit halb nacktem Arsch durch den ganzen Club wackelt. Nach 23 Uhr darf ich sie nicht mehr anrufen, das ist zu belastend. Ich werde sie tagsüber zu Hause anrufen.

Hallo, hier ist Marco … Nein, es rattert in meinem Kopf. Ich bin kaputt, aber überhaupt nicht müde …

Ich denke an nichts Besonderes, an alles und nichts. Alle Welt rechnet auf der morgigen Etappe mit mir. Ich glaube, das setzt mich etwas unter Druck. Und ich denke an dich … Zwei Wochen sind gar nicht so lang, du fehlst mir auch sehr … Ach, das Mädchen auf dem Podest ist mir egal. Ich träume davon, dich zu küssen, ich werde an dich denken, wenn ich gewinne … Natürlich werde ich gewinnen … Du scheinst gut drauf zu sein … Welcher Mario? … Den Barmann kenne ich, er heißt Guido, nicht Mario … Ach, der mit dem Motorrad! … Hast du dich schon umgezogen? … Du brauchst keine zehn Minuten, um auf dein Podest zu steigen … Ich bin nicht aggressiv … Nein, ich habe dir nichts Spezielles zu sagen, wobei, doch … Vergiss es … Entschuldige, trink mit Mario noch einen Gin Tonic auf mein Wohl … Entschuldige, okay, ich lass dich in Ruhe … Danke … Ja, natürlich werde ich gewinnen.

Die Dunkelheit ist nun voll und ganz von Christinas Anwesenheit erfüllt, ihre Stimme und ihr Duft schweben durch das Schwarz wie ein Parfum, wie ein Sandelholz von liebreizender Präsenz. Ich rufe mir ihre blonde, zerbrechliche und mit Schönheitsflecken gesprenkelte Haut in Erinnerung, das Muttermal an ihrem Hals, an dem meine Augen Zuflucht finden, wenn mich ihr Blick ob seiner Sanftheit so schmerzt. Ihr ganzes Wesen erinnert mich daran, dass ich in Kehre 20 bin, dass ich noch nichts erreicht und noch einiges abzuliefern habe.

Einmal mehr konnte ich es mir nicht verkneifen, ihr auf die Nerven zu gehen, aber was macht sie da mit diesem Mario? Hätte sie mir nicht sagen können, sie habe mit Agatha gequatscht oder mit Sylvia einen Orangensaft getrunken? Nein, es muss ja unbedingt Alkohol mit diesem Typen sein, der sie auf dem Motorrad mitnimmt. Und dann ist sie auch noch beschwipst. Warum hat sie mir gesagt: „Ich bin ein bisschen beschwipst"? Was hätte es sie gekostet, wenn sie sich etwas ausgedacht hätte, das mich nicht so leiden lässt? Man könnte glatt meinen, es mache ihr Freude. Ich weiß, was sie will: aufrichtig sein, sich frei mit mir fühlen, um sich zu entfalten. Aber während sie aufblüht, leide ich. Sie könnte ein bisschen lügen, um mir zu zeigen, dass sie an meiner Seite ist, dass sie bereit ist, einen Teil der Last auf sich zu nehmen. Aber nein, sie will alles: ihre Freiheit, die Liebe, das Glück. Und wenn sie in meinen Armen liegt, wenn mich ihr leicht säuerlicher Geruch umgibt, wenn ich sie zum Lachen bringe, nehme ich alle Prüfungen auf mich. Ich weiß, dass ich ihr geben kann, wonach sie sucht – also alles.

Kurve 20. Zeit, dass sich alles ändert, dass ich den Haarausfall bekämpfe, indem ich mir eine sauber rasierte Glatze stehen lasse. Ich habe Lust, mein Rad auseinanderzubauen und dabei zu singen, denn der Anruf hat jedes Quäntchen Entspannung zunichtegemacht, das mir so gutgetan hätte. Ich kann die Außengeräusche ausblenden, ich konzentriere mich auf die Bauchatmung. 1995 ließ ich in Kurve 20 drei Konkurrenten stehen, mit dieser positiven Erfahrung stärke ich mein Selbstvertrauen.

## *25. JANUAR 1996

Ich habe darüber nachgedacht, welches Medium ich für eine Erzählkunst verwenden könnte, die sich mit den Zwängen beschäftigt, denen ich begegne.

- Fotografie
- Video
- Text
- Aufbewahrte Gegenstände
- Installationen (die beiden letztgenannten Medien lassen sich kombinieren)

Nach dem ersten Arbeitstag – bzw. der ersten Nacht – in der Diskothek bin ich auf die folgenden (förderlichen bzw. hinderlichen) Problemstellungen gestoßen:

### FÖRDERLICH

- Die Verkleidung: Ich muss ein Outfit anziehen, das mini (… mal… malistisch) ist. Die Kleidung, die ich trage, darf mich nicht bedecken, sondern soll gewisse Partien meines Körpers offenbaren (Titel einer Installation: „Kleider der Offenbarung“). Sie entblößt teilweise meinen Körper, lässt gleichzeitig aber auch Dinge über mich zum Vorschein kommen; ziehe ich mich aus, bin ich eine andere.

- Die Show: Ich muss gesehen werden, muss mit meiner Gestik und äußeren Erscheinung den Raum einnehmen, muss den Eindruck vermitteln, eine zu sein, die gern im Rampenlicht steht, die es liebt, angeschaut zu werden. All die Dinge, die ich zum Ausdruck bringen soll, laufen meinen persönlichen Vorlieben zuwider und entsprechen eher einer sozialen Notwendigkeit. Folglich bin ich nicht mehr durch meine Subjektivität daran gehindert, die Person zu werden, die ich sein soll, die aus den Zwängen hervorgebracht wird.

### HINDERLICH

- Dauer und Anzahl der Vorstellungen: Ob kurz- oder langfristig, die Zeit bleibt mein Feind. In den ersten Minuten verspüre ich so viel Gleichgültigkeit, wie ich überhaupt nur empfinden kann. Die Gestalt ist leer, ich bin buddhistisch, ich kann die Blicke klar und deutlich lesen, die mir die zahlenden Gäste entgegenwerfen. Nach und nach wird diese Gleichgültigkeit von Verdrossenheit und Selbstgefühl zerfressen, der Widerwille obsiegt. Ich verschaffe mir einen Überblick über meine Lage – aus der Totalen, aus der Vogelperspektive – und ich sehe mich tanzen. Die Anmut, die meinen Bewegungen diese Gleichgültigkeit verleihen könnte, löst sich in Luft auf, ich werde schwer und unbeholfen.

- Das Fachliche: Es ist mir unmöglich, auch aus rechtlicher Sicht, Fotos der zahlenden Gäste zu machen, ziehe diese Möglichkeit aber trotzdem in Betracht. Ich habe auch daran gedacht, die Sequenzen zu filmen und dann extrem zu verzögern, um so die Augenblicke mit dem größten und intensivsten Verlangen in ihren Blicken ganz besonders zur Geltung zu bringen. Gleiches Problem wie mit den Fotos: Man braucht eine unterschriebene Einverständniserklärung oder muss die Gesichter verpixeln. Äußerst kompliziert. Mal sehen, wie es weitergeht – je nachdem, wie sich die Beziehung zu meinen Arbeitgebern entwickelt. Die Pflicht, jeden Tag zumindest ein Minimum an zwischenmenschlichem Kontakt mit dem Team zu pflegen, schwächt meine Motivation und meinen Scharfsinn ab. Und doch ist es absolut notwendig, da ich nicht der Typ Mensch bin, der in einem konfliktbehafteten und feindseligen Umfeld arbeiten kann.

#### FÖRDERLICH + HINDERLICH

Ich entfliehe der totalen Entfremdung, ich bin mit meinem Anliegen im Reinen, ich spüre eine Wahrhaftigkeit (zumindest die Bestätigung ihrer Notwendigkeit) in meinem Vorgehen. Ich habe die Ereignisse in meinem Leben in die Hand genommen, ich bin kein Opfer mehr. Andererseits ist die Frage nach dem Medium sehr dringend. Niemals auf das perfekte Licht warten, um ein Foto zu machen.

Zurück zur Frage nach den Medien: deutliche Vorbehalte gegenüber Foto und Video, die Umsetzung ist zu schwierig. Wenn es mir gelingt, sollen die Fotos kein Zeugnis meines Zustands ablegen, sondern des künstlerischen Objekts, das dabei entstanden ist. Möchte ich wirklich in einer Fotoausstellung enden? Ich habe eine plausible Möglichkeit in Betracht gezogen: Ich könnte eine Kamera (möglichst analog) auf der Tanzfläche herumgehen lassen mit der Bitte, mich zu fotografieren. Diese Bilder könnte ich mit kurzen Texten versehen, die ich jeden Tag aufschreiben würde (aufgeschnappte Gespräche zwischen Kunden; die ersten Worte, mit denen sie mich ansprechen usw.).

Nur in dieser Konstellation würde die Text-Option ihren Platz finden.

Mir kam der Gedanke, dass diese Notizen selbst zum Werk werden könnten (es fällt mir schwer, dieses Wort zu wiederholen, aber mir fällt kein anderes ein). Allerdings scheint es mir nicht sonderlich wahrscheinlich, und die Voraussetzung dafür ist, dass man nicht daran glaubt. So hätte ich aber Zeit, um die Qualität dessen, was ich und wie ich es zusammenstelle, genauer zu beurteilen. Auf Italienisch schreiben und mir dabei meine mangelnden Sprachkenntnisse eingestehen?

Kaum ein gangbarer Weg in Richtung einer Installation. Eine Idee ist mir aber gekommen: die mit Lippenstift verschmierten Zigarettenstummel abzutrennen und daraus, sobald genügend

Stummel beisammen sind, eine figurative Komposition à la Pop Art zu kreieren. Wie diese Porträts, die aus unzähligen winzigen Porträts zusammengesetzt sind. Die Idee ist interessant, die minutiöse und zeitaufwendige Umsetzung würde es mir ermöglichen, mich auf das Projekt zu konzentrieren (Anordnung der unterschiedlichen Rottöne in kleinen Schachteln, Collage auf einem Untergrund...). Auch wenn die Anzahl meiner Ideen überschaubar ist, so zeichnet sich der Wunsch nach einer Installation klar und deutlich ab, und die Realisierung eines solchen Objekts scheint mir in Reichweite gerückt zu sein.

Ich gehe hier dermaßen in der Anonymität unter, dass es mir manchmal so vorkommt, als würde das Werk posthum entstehen, weil ich es niemals zeigen werden kann. In den Zeitungen werden Hinweise veröffentlicht, die die Ermittler wie bei einer Schnitzeljagd auf den richtigen Weg zu meinem Körper führen. Ich würde das Kunstobjekt mit klaren Konturen darstellen. Aber ich will nicht sterben, ich bin die normalste Verrückte auf der Welt.

Erkenntnis: Die langfristige Umsetzung des Projekts dürfte schwierig werden.

Ich muss dringend prüfen, ob eine Kunstschule machbar ist (Kosten, Dauer, Zugangsvoraussetzungen). Doch allein schaff ich das nicht, ich brauche Unterstützung.

# 19

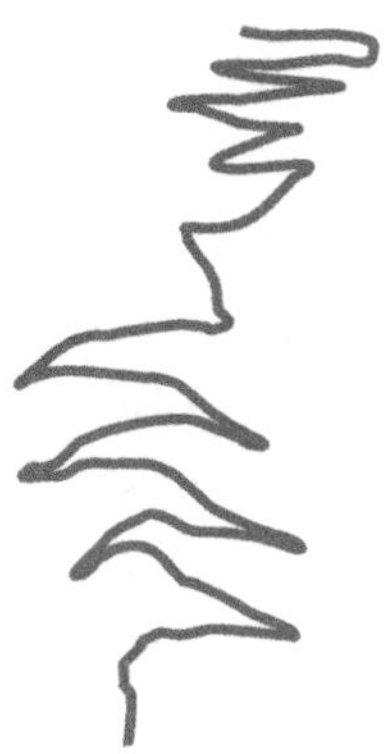

Warum nur habe ich sie angerufen? Warum mache ich das bisschen Entspannung zunichte, das ich durch den Anruf gewonnen hatte? Warum lerne ich nie dazu? Ich weiß, dass ich meine Worte bereuen werde, aber warum sage ich sie dann überhaupt? Ich rufe sie aus freien Stücken an, ohne dass mich irgendwer darum bittet. Es ist ein minutiös ausgeführter Akt der Sabotage. In mir steckt ein kleines, bösartiges Wesen, das sich als überaus effizienter Saboteur herausstellt. Doch wer ist sein Anführer? Was in mir sorgt dafür, dass Fragen nie beantwortet und Probleme nie gelöst werden? Im Rennen gewinnt man nach einiger Zeit an Erfahrung, so viel weiß ich. Man macht nicht mehr dieselben Fehler. Man weiß irgendwann, wann man antreten muss. Man weiß, wie man sich im Feld versteckt, wenn es einem nicht so gut geht. Bei Christina kann ich nicht auf meine Erfahrungen bauen. In meinem Kopf ist alles glasklar. Ich weiß, was ich tun und was ich sagen sollte, aber irgendwie zerreißt sie mich. Ich sammle Fragmente des Erlebten zusammen, um daraus eine kleine, kompakte Erfahrungskugel zu formen, und sie macht sie kaputt. Wann bitte nutzt uns die Erfahrung? Wenn man alt ist? Wenn man nicht mehr gebraucht wird wie Charly Gaul? Charly sagte als Dreißigjähriger: *Es ist hart, sich selbst älter werden zu sehen. Kälte und Regen sind nicht mehr meine Verbündeten. Auf den Pässen, an denen ich anderen einst Furcht und Respekt eingeflößt habe, beschleicht mich nun das Gefühl, eine schwere Eisenkugel am Sattel hinter mir her zu ziehen. Ich drehe mich oft um, weil ich denke, jemand hält mich fest.* Als ich das gelesen habe, wurde mir klar, dass ein Kletterer zweimal alt wird und zweimal stirbt. Charly sagte das, als er dreißig war. Das bin ich im Jahr 2000. Mit der Jahrhundertwende werde ich also zu alt für den Radsport sein – das Jahrhundert, in dem ich 1970 geboren wurde und in dem ich morgen, 1997, gewinnen werde. Das Jahrhundert, das mit 19 beginnt, ist alt. Kurve 19 ist alt. Wenn ich Kurve 19 passiere, lasse ich das alte Jahrhundert hinter mir und erweise ihm mit meiner Jugend eine flammende Hommage. Der kleine Saboteur in meinem Kopf zieht nie an meinem Sattel. Ich konzentriere mich wieder in aller Ruhe auf meine Atmung, die einen wohltuenden Strom in meine Glieder aussendet. Kehre 19 ist eine Rechtskurve, es riecht nach Heidekraut und Harz. In meinem Lied werde ich den Satz von Charly aufgreifen: „Auf den Pässen flöße ich anderen Furcht und Respekt ein." Das klingt gut und ist eine wunderbare Hommage an Charly.

Das mit dem Anruf ist nicht weiter schlimm. Christina erduldet mich seit anderthalb Jahren und ist sicherlich nicht schockierter als die anderen Male. Ich weiß, dass ich an sie denken werde, bis Kurve… 19. In der zweiten Kehre eines Anstiegs komme ich nach Hause. Ich öffne die Tür, überquere die Schwelle, schließe die Tür wieder; ich mag die Isolation, ich höre keinen Lärm mehr von draußen, ich tue nur Dinge, die ich beherrsche. Aber bis morgen, bis Kurve 19, werde ich an Christina denken, an das, was ich hätte tun sollen, an das, was ich besser nicht hätte sagen sollen. Ich werde wieder allein loswettern, ich werde sie äußerst ungerecht finden, ich werde mir überaus sicher sein, dass ich ihr nichts bedeute. Und aus dem Zorn, der wie heißes Magma aus mir aufsteigt, wird dann ein Bild von ihr entsprießen und gedeihen, das unglaublich schön, bewegend und unwiderstehlich ist. Dann ist sie wieder ganz und gar und wunderbar in meinem Herzen, so schön und stark, dass ich Angst bekomme und spüre, wie einmal mehr der Zorn in mir erwacht … Ich werde mich daran erinnern: In Kurve 19 wird diese neue Leichtigkeit, diese so ersehnte Unbekümmertheit meinen Tritt beflügeln.

## *5. FEBRUAR 1996

Ich habe ausgelotet, welche Möglichkeiten es gibt, an einer Kunstschule in der Region angenommen zu werden, aber es ist hoffnungslos. Ich habe mich für die Mosaic Art School interessiert, weil ich davon ausging, das erste Wort stünde für Heterogenität, ob bei den Studenten oder beim Unterricht. Aber es ist tatsächlich eine Mosaikschule. Dann stieß ich auf die Lab Academy – der Aspekt eines Labors, womöglich mit einer Öffnung hin zum Experimentellen, schien vielversprechend zu sein, doch letztlich handelt es sich um einen Theaterkurs. Eine ähnliche Einrichtung, Lab Art (also wirklich!), erscheint da plausibler. In der Anzeige heißt es: „Förderung und Verbreitung von Aktivitäten im gesamten Gebiet“. Ich muss mich vergewissern, dass es dabei nicht nur um Figurenmalerei oder Töpfern geht. Der Sache sollte ich auf den Grund gehen, aber da muss es doch noch etwas Besseres geben.

Dringendes Problem: Mich ergreift eine gewisse Panik, dass ich mich aufreiben und den Mut verlieren könnte. Mein Projekt ist zeitlich nicht begrenzt, es ist von Erosion bedroht. Wo sich andere bereits umfassend mit Detailfragen beschäftigen, tappe ich noch im Dunkeln, welches das richtige Medium sein könnte. Es ist deprimierend. Meine eigene Sicht auf die Arbeit, die ich ausübe, wird langsam, aber sicher ins Banale gezogen. Es genügen bereits wenige zahlende Tänzerinnen und Tänzer, damit ich verschwinde. Dabei besteht ein Teil meiner Arbeit darin, den anderen weiszumachen, dass ich eine Kundin bin. Ein Mädchen, das zum Tanzen animiert. Das sexuelle Potenzial erzeugt eine gewisse Anziehungskraft und tilgt die traumatische Vorstellung einer leeren Tanzfläche. Mein Status als junge, fickbare Frau wird in gewisser Weise auf eine sanfte, hinterlistige Art ausgenutzt, die wenig Raum für das Außergewöhnliche lässt. Als ich vor einigen Tagen auf meinem Podest tanzte, merkte ich, wie mich jemand angefasst hat. Ich drehte mich um und wollte schon zuschlagen, doch als ich sah, dass mich eine Frau betatscht hatte, habe ich mich zurückgehalten, das ist bizarr. Aber gut, solche Sachen können passieren, und sie zeigen auch die Grenzen dessen auf, was ich tun kann.

Ich habe eine kleine Lumix-Digitalkamera gekauft (bei einer analogen Kamera wären Belichtung und Fokus zu kompliziert gewesen). Sollte mein Chef etwas dagegen haben, dass ich sie herumgehen lasse, werde ich sie einem Kollegen überlassen. Mario zum Beispiel. Er ist solchen Sachen gegenüber ziemlich aufgeschlossen.

Ich habe damit begonnen, Zigarettenstummel zu sammeln. Zunächst habe ich die Stummel, an denen noch Lippenstiftspuren zu sehen waren, an Ort und Stelle herausgelesen. Doch dann wurde mir bewusst, dass es für meine Kollegen wirklich seltsam sein musste, wenn ich anfange, vor ihren Augen Zigarettenstummel zu sortieren. Nun leere ich die Aschenbecher in einer Tüte aus, die ich dann mit nach Hause nehme. Leider erlebte ich eine Enttäuschung, als ich die Stummel entsprechend ihren Schattierungen und Intensität kategorisieren wollte. Das Spektrum ist doch ziemlich klein, und am Ende stand ich vor drei rosafarbenen Haufen. Außerdem haben die meisten Filter nicht ausreichend Farbe abbekommen, um damit brauchbare Kontraste zu erzeugen. Ich müsste schummeln und noch eine Schicht Lippenstift auftragen, schlimmstenfalls müsste ich alles noch einmal von Grund auf neu machen. Wie weit kann man beim Schummeln gehen? Einen gefälschten Zufall herbeiführen? Darüber muss ich mir erst mal selbst klar werden.

Ich darf mich nicht entmutigen lassen, schließlich steht nichts Geringeres als mein Überleben auf dem Spiel.

Erkenntnis: Umformulierung des Problems. Wie kann man eine Notwendigkeit in Zwang umwandeln? Ich stehe vor einem Geschlechter- und Klassenproblem. Ich gehöre keiner sozialen Klasse an, der man Vertrauen in die eigene Kreativität nachsagt. Im Moment reicht meine Energie nicht aus, ich werde mich betrinken.

# 18

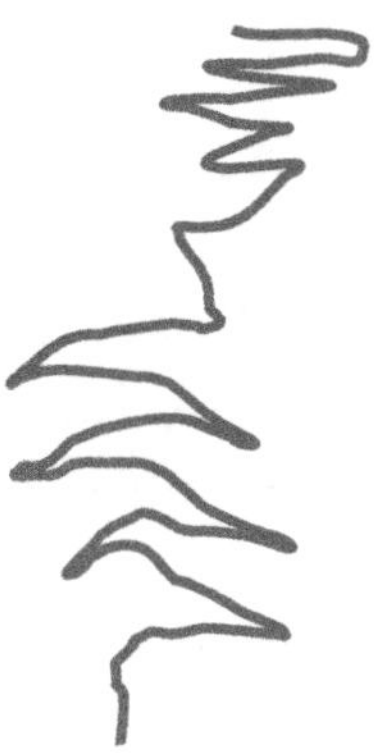

Eine neue Unbeschwertheit sollte es mir ermöglichen, ein Gespräch mit ihr zu führen, das sie das vorherige vergessen lässt. Witzig sein, nicht herumstammeln, sie nicht fragen, mit wem sie etwas trinken geht, und vor allem die kommende Stunde nutzen, um einzuschlafen. Sie tanzt eine Stunde lang. Ich kann sie nicht noch einmal anrufen, diesen Gedanken kann ich getrost ad acta legen. Meine Beine sind schwer, meine Atmung ist unter Kontrolle, ich spüre immer mehr Selbstvertrauen in mir, Kehre 18 ist eine Linkskurve, wenn ich auf der rechten Straßenseite fahre, kann ich ein wenig Schatten mitnehmen. Ich erinnere mich, mir notiert zu haben, dass ich in Kurve 18 bereits so viele Höhenmeter überwunden habe, wie der *Grattacielo* von Cesenatico hoch ist.

Im Sommer haben wir am Strand oft Fußball gespielt, sobald die Touristen verschwunden waren und die Hitze etwas nachließ. Wir haben viel gekickt, schließlich war 1986 aus fußballtechnischer Sicht ein gutes Jahr: Der AC Mailand, mein Milan mit Baresi und Paolo Maldini, verlor weder gegen Inter noch gegen Juve. Ich habe mir vorgestellt, ich sei Maldini. Ich flog über den Platz. Am Strand hatte ich jeden Tag funkelnde Augen und einen fantastischen linken Fuß. Wie so oft rollte der Ball über die von uns in den Sand gezogene Spielfeldbegrenzung ins Aus und blieb auf dem Handtuch eines jungen Mädchens liegen, das mit zwei Freundinnen am Strand war. Mein Kumpel Andrea ist gleich hingegangen, um den Ball zu holen, und hat natürlich sofort ein Gespräch angefangen. Die anderen Spieler werden bereits ungeduldig, es kommt zu den üblichen Frotzeleien. Andrea schießt den Ball zurück und setzt sich zu den Mädchen. Ich war froh, dass ich nicht bei ihm war, stillschweigend auf meine Füße starrte aus Angst, eines der

Mädchen könnte etwas Verwegenes tun. Nach dem Fußballmatch verließen meine Mitspieler nach und nach den Strand. Als auch der Typ von dannen zog, dem der Ball gehörte, musste ich wohl oder übel zu meinem Kumpel gehen. Wie ich befürchtet hatte, stellte er mich gegenüber den Mädchen als große Radsporthoffnung der Romagna vor – was so viel heißt wie: Ich bin ein großer Hinterwäldler. Sie kamen aus Mailand, und ich weiß, was eine Radsporthoffnung aus der Romagna für ein Mädchen aus der Modemetropole bedeutet. Aber sie waren weder arrogant noch herablassend, sondern ziemlich sympathisch. Um mich von der Gruppe zu lösen und den Schweißgeruch vom Fußballspielen loszuwerden, sagte ich, dass ich schwimmen gehen würde. Schließlich sei das die beste Tageszeit dafür. Meine Idee stieß allerdings auch bei der Gruppe auf offene Ohren, außer bei einem Mädchen namens Agata, das sich daraufhin verabschiedete. Das Wasser war fantastisch und spiegelglatt, weil in Cesenatico mit Ausnahme des *Grattacielo* alles flach ist. Ich legte mich dorthin, wo die Wellen wieder ins Meer zurückfließen, nachdem sie das Ufer erreicht haben. Die kleinen Wogen legten sich sanft über den Strand, und mit jeder zurückfließenden Welle gruben sich meine Ellbogen ein wenig tiefer in den Sand hinein. Ich beobachtete, wie Andrea und eines der Mädchen sich küssten, und ich fragte mich, wie lange es wohl dauern würde, bis ich vollständig im Sand versinke, wenn ich hier einfach so liegen bleibe. Das andere Mädchen kam zu mir und legte sich neben mich. Sie sagte, dass ich nicht sehr gesprächig sei, woraufhin ich sie nach ihrem Namen fragte.

Sie hieß Christina.

Durch das allmähliche Absinken meines Ellenbogens fingen unsere Arme an, sich leicht zu berühren. Um mich nicht zu abrupt zurückzuziehen und um meine beginnende Erektion im Zaum zu halten, stand ich auf und schlug ihr vor, ein Eis essen zu gehen. Wir schlüpften in unsere Jeans, und sie packte ihre wenigen Sachen zusammen – angezogen sah sie noch viel schöner aus. Wir schlenderten zur Gelateria del Porto und nahmen einen kleinen Umweg, um nicht am Kiosk meiner Mutter vorbei zu müssen. Ich fühlte mich imstande, die Scharte, als regionaler Radsportler vorgestellt worden zu sein, ausmerzen zu können. Da wollte ich nicht noch Gefahr laufen, als Sohn einer Piadina-Verkäuferin gebrandmarkt zu werden. Die Jugend hat ihren Stolz. Erfreulicherweise führte Christina einen Monolog darüber, welch Glück ich doch hätte, hier zu wohnen, denn schließlich sei Mailand im Sommer so stickig und ihre Freunde alle im Urlaub, sodass es dort sterbenslangweilig sei. Ich verzichtete darauf, ihr zu entgegnen, dass sie doch bitte mal einen Winter in Cesenatico verbringen soll, um zu wissen, was sterbenslangweilig bedeutet. Stattdessen erwiderte ich, dass sie recht hat und ich großes Glück habe. Wir haben unser Eis an einem der Stehtische gegessen, die auf dem Gehweg aufgestellt waren. Ich machte sie darauf aufmerksam, dass noch etwas von der eisigen Creme an ihrer Oberlippe klebte, und streckte einen Finger aus, um sie wegzuwischen. Sie nahm meine Hand und küsste sie, ich nahm ihre Hand in meine und wir gingen weiter, ohne zu wissen wohin. Am Fuße des *Grattacielo* bemerkte ich, dass uns meine Schritte genau dorthin geführt hatten. Ich kannte eine Seitentür ins Gebäude, die immer offenstand und durch die man zur Hintertreppe gelangte. Als wir durch die Tür traten, haben wir uns geküsst. Das subtile, salzig-süße Aroma aus Meerwasser und *Gelata* auf ihren Lippen ließ diesen Kuss zum ersten werden, den ich wirklich genoss. Ich führte sie die Treppe nach oben. Nachdem wir schnellen Schrittes drei Etagen erklommen hatten, fragte mich Christina, warum wir nicht den Fahrstuhl nehmen würden. Doch der Aufzug ist den Bewohnern vorbehalten, man braucht einen speziellen Schlüssel, um ihn zu benutzen. Zügig gingen wir zwei weitere Stockwerke hinauf. Eine Aussicht wie die von ganz oben muss man sich verdienen, weißt du? Noch zwei Etagen, etwas weniger beschwingt, und am Ende spürte ich, wie sich ihre Miene verfinsterte. Dann trug ich sie zwei weitere Stockwerke nach oben. Ich dachte an ein frisch vermähltes Paar, das Bild war mir peinlich. Ich ließ sie wieder herunter, wir kletterten noch zwei weitere Etagen hinauf, aber ich spürte, dass ich nicht mehr mit dem Herzen dabei war. Wie heute am Telefon mit Christina. Anstatt aufzulegen, nachdem ich ihr ein Eis spendiert hatte, bin ich ihr mit dem Aufstieg durchs Treppenhaus, der nur mir etwas bedeutet, zur Last gefallen. Ich kann Christina nicht anrufen, sie tanzt. Ich atme durch die Nase, all meine Sinne werden energetisiert. Wie viele Stockwerke noch? Sechsundzwanzig, was ich ihr auch sagte. Sie warf mir einen entsetzten Blick zu und schwieg, aber ihr Blick sagte: Du bist ein Monster, ein Idiot, du bist nicht normal! Die Zeitschaltuhr für das Hauslicht erlosch, und ich hörte, wie sie die Treppe hinuntereilte. Christina! Christina, komm zurück! Der Widerhall meiner Stimme im Treppenhaus fügte der Tragik des Augenblicks sogar noch das Echo meines unvermittelten Alleinseins hinzu. Wenn ich darüber nachdenke, kam es mir weder in den Sinn, ihr hinterherzulaufen, noch meinen Aufstieg abzubrechen. Hier die Radsporthoffnung im Dunkeln, dort die schallenden Schritte des Mailänder Mädchens, das in der Tiefe verschwindet. Sie hatte doch schon ein Drittel des Weges zurückgelegt, war in Kurve 14, und hätte nur noch ein kleines bisschen länger durchhalten müssen, um die Sonnenschirme der *Bagni* zu sehen, die wie bunte Holzschirmchen einem Mosaik gleich am Strand aufgereiht waren, die man sich wie römische Legionen hätte vorstellen können, die den Sand Ägyptens durchschreiten, um den perfekten rechteckigen Turmschatten zu erblicken, der sich bis ins Meer erstreckt … Und um weit oben die Brise zu spüren, die uns beim Sex erfrischt.

Noch zweimal den bereits zurückgelegten Weg und wir hätten die Welt für uns allein gehabt – und wir hätten das Kielwasser der Schiffe wie Federstriche lesen können. Schau, da hinter dem Strand fische ich Drachenköpfe, und dort in den Mauern der Hafenmole finden die Kraken Unterschlupf. Sie hätte die Sonne hinter den Hügeln von Monte Castello untergehen sehen. Ich ließ Christina 1 in Kurve 18 sitzen, in der gleichen Kehre, in der ich 1995 Elli stehengelassen habe. Ich ging ganz allein nach oben, während Christina 1 süß und salzig zu den anderen nach unten ging. Ich habe Lust, mein Rad auseinanderzubauen. Ich habe Lust, Christina – die wahre – anzurufen. Und ich habe immer weniger Lust zu schlafen. Ich öffne die Augen, ich schließe die Augen, in der Dunkelheit weiß ich nicht mehr, ob meine Augen offen oder geschlossen sind, ich wechsle die Position. Kein wohliger Strom mehr, der durch meinen Körper fließt, ich wechsle erneut die Position, aber meine Hüfte schmerzt noch immer. Ich bin mir nicht mal mehr sicher, ob mir wirklich eine Katze vors Rad gelaufen war. Ich habe auch nicht realisiert, dass es ein Geländewagen war, der mich letztes Jahr ins Krankenhaus bugsiert hat. Solche Dinge weiß man nur selten. Ich traue mich nicht, auf die Uhr zu schauen. Mein ganzer Körper schreit nach Ruhe, doch mein Kopf lässt es nicht zu. Der rauschende Verkehr auf der Umgehungsstraße und das Brummen der Klimaanlage harmonieren wunderbar miteinander, während sich der Fahrstuhl gelegentlich dem rhythmischen Takt anschließt. Keinerlei menschliche Geräusche mehr, keine Tritte auf dem Gang, es muss schon spät sein. Aber nicht allzu spät, sonst wäre auf der Umgehungsstraße kein Verkehr mehr. Viele Leute, die dort gerade unterwegs sind, müssen Angst davor haben, am Lenkrad einzuschlafen, und ich liege im Bett und habe Angst, nicht einzuschlafen. Welch Ironie. Die Tage sind dermaßen anstrengend, dass man nachts leicht in den Schlaf finden sollte. Welcher Dämon quält uns so, welchen Gefallen findet er daran? Ich für meinen Teil schlafe auch nicht hinter dem Lenkrad ein. Letztes Jahr bin ich zwölf Stunden am Stück gefahren, ohne dass ich dabei müde geworden wäre.

## *9. FEBRUAR 1996

Enttäuschung, Niedergeschlagenheit.

Ich habe die Erlaubnis bekommen, meine Kamera herumgehen zu lassen. Giancarlo, der Chef, sagte zu mir, solange genug Leute auf der Tanzfläche sind, kann ich machen, was ich will. Ich beschloss, mit der Kamera in der Hand zu tanzen und sie jemandem aus dem Publikum zu geben, wenn sich unsere Blicke treffen sollten. Dann habe ich meinem Gegenüber mit Gesten zu verstehen gegeben, mich zu fotografieren, und ein paar haben tatsächlich mitgemacht, was ich sehr zu schätzen wusste. Ich hatte den Eindruck, dass sich daraus etwas entwickeln würde, dass ich die Langeweile und das Repetitive, die alles so gleichförmig machen, abschütteln könnte. Heute Morgen habe ich mir die Ergebnisse angeschaut, sie sind unbrauchbar. Das Podest ist nicht hoch genug, man versteht nicht, dass ich das Motiv bin, und der Blitz, der jedes Mal auslöst, ruiniert jedes Bild. Man sieht die Schatten an der hinteren Wand und die roten Augen, die bestenfalls noch halbwegs interessant sind – sie erinnern an eine Zombie-Armee. Ich habe mir die Sache nicht gründlich genug überlegt, es hat absolut nichts gebracht, ich bin deprimiert.

Ich werde das Ganze wiederholen, sobald ich Zugang zu einem Raum für zeitgenössische Kunst habe. Ich werde dasselbe voyeuristische Umfeld reproduzieren, dem ich ausgesetzt bin, indem ich die Position der Teilnehmer verschiebe. Das Konzept erneut aufgreifen, sie dabei aber aktiver einbeziehen. Den Besuchern der Installation könnte ich beim Gehen beispielsweise ein Foto mitgeben, das ich mit der Widmung „Herzlichst, deine Vagina" versehen würde.

Unter diesen Bedingungen konnte es nicht funktionieren, ich hätte es wissen müssen. Ich wollte daran glauben, weil ich keine anderen Ideen hatte. Mir muss ganz schnell etwas anderes einfallen, sonst werde ich den Job hinschmeißen und die gleichen Erfahrungen zu einem späteren Zeitpunkt noch einmal durchleben.

Erkenntnis: Mir eine angemessene Frist setzen, um neue Ideen zu entwickeln, und hinschmeißen, wenn mir innerhalb dieser Frist nichts eingefallen ist. In der Zwischenzeit informiere ich mich über mögliche Stipendien, die für mich infrage kommen könnten. Zusammen mit einem Teilzeitjob könnte das die Kosten für die Schule decken.

Vielleicht bin ich da in eine Sackgasse geraten, vielleicht trifft nichts von dem, was ich mir vorgestellt habe, zu. Ich muss die Sache weiter durchdenken, damit ich später nichts bereue. Aber keine Panik, eines Tages werde ich etwas aus dieser Episode machen. Mir ist bewusst, dass es etwas anmaßend ist, Vorkommnisse aus einem derart gewöhnlichen Leben in ein Kunstereignis zu verwandeln. Ich weiß das sehr wohl, ich komme darüber hinweg, ich werde es meistern.

Es ist der 9. Februar. Ich gebe mir zwei Wochen Zeit, um etwas Ermutigendes zu produzieren. Ich bin allein, ich bekomme keine Hilfe, es ist schwierig.

# 17

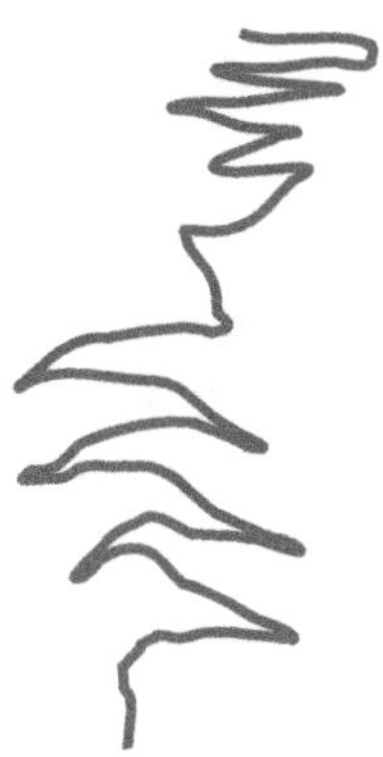

Als ich nach der Tour 1995 nach Cesenatico zurückkehrte, erhielt ich einen Brief und hatte sofort die Eingebung, dass er von Charly stammen musste. Ich erhielt Hunderte Briefe – von Verehrerinnen, Bewunderern, obszönen Kritikern. Und diesen Brief. Darin befand sich ein etwas stümperhaft gezeichneter Plan, sodass ich zunächst dachte, der Brief sei von einem Kind oder geistig Zurückgebliebenem geschrieben beziehungsweise gemalt worden. Es war eine Art Schatzkarte mit einem Fluss, der sich von oben nach unten durch ein vergilbtes Blatt schlängelte, und mit einem durchgestrichenen Briefkopf, auf dem noch *Garage Ford Euro Motor* zu erkennen war. Zwischen zwei Dörfern teilte sich eine Straße zweimal, ehe sie ein Rechteck mit der Bezeichnung *HAUS* erreichte. Am unteren Rand, unter der Zeichnung, stand nur ein einziges Wort: *Komm. C.*

Ich habe die Karte nie weggeworfen, nie weggeräumt, sie blieb einfach auf dem Schulpult in meinem Zimmer bei meinen Eltern liegen – genau wie die anderen Briefe, derer sich meine Mutter letztlich immer annahm und die ich nie anschaue. Einige Monate später hatte ich mich hoffnungslos in Christina verliebt. Hoffnungslos deshalb, weil der panische Gedanke, sie zu verlieren, meinen Kopf, mein Herz und mein Leben gänzlich eingenommen hatte. Seit unserem Kennenlernen haben wir jede Nacht zusammen verbracht. Ich konnte sie nicht mit zu meinen Eltern nehmen, und ich wusste, dass ich sie bald allein lassen musste, wenn sie mich weiterhin lieben soll. Bei Christina ist es unwahrscheinlich schön: ein Schlafzimmer, ein zweiter Raum, den sie als Atelier nutzt, mit Fotos von ihr und Leuten, die mich ängstigen, obwohl ich sie gar nicht kenne. Und es gibt Tee. Ich weiß zwar nicht, wie man Tee einem Kaffee überhaupt vorziehen kann, aber bei ihr trinke ich Tee – wenn auch nur, um meine Hände so um die Tasse zu legen, wie sie es tut. Wenn sie das macht, vergräbt sie ihren Kopf ein bisschen zwischen ihren Schultern, und man kann ihr Gesicht nicht mehr sehen. Die Gemälde, die an den Wänden hängen bzw. daran angelehnt sind, schüchtern mich etwas ein. Ich verstehe sie nicht, ich finde sie weder schön noch hässlich. Doch all das zusammen macht ihr Zuhause aus. Christina stammt aus Dänemark. Die Dänen lieben ihre Inneneinrichtung aus Holz, sie mögen es warm und trösten sich damit über die raue Witterung hinweg, die draußen herrscht. Das hat zur Folge, dass ich einfach niemals gehen will, schon gar nicht zurück nach Hause zu meiner Mutter. Ich weiß überhaupt nicht, woher die notwendige Entschlossenheit kommen soll, bei meinen Eltern und nicht bei ihr zu schlafen. Keine Ahnung. Trotzdem kann ich nicht jeden Abend dort abhängen, bis sie mich eines Tages bitten würde, nicht zu kommen. Man muss nicht immer dieselben Fehler machen, schon gar nicht bei Christina. Der Gedanke daran, mit Tonina zu frühstücken, anstatt einen dampfenden Tee in meinen Händen zu halten, machte alle Vorsätze zunichte, die ich noch gar nicht gefasst hatte, und in dieser ausweglosen Situation erinnerte ich mich an den Brief. *Komm. C.* Die Schatzkarte war der ideale Antrieb, um meine Schwäche zu überwinden, ein idealer Verbündeter, um meinen Mut zusammenzunehmen.

Kurve 17, ich gebe richtig Gas. Mir macht es Freude, all meine Muskeln überaus effizient zu aktivieren, ich lasse noch drei Fahrer hinter mir, ich bin mit Überschallgeschwindigkeit unterwegs, es scheint, als würden sie rückwärtsfahren. Noch einmal beschleunigen, keine Angst davor haben, dass Christina verschwindet, wenn ich sie nicht sehe, den kleinen Elefantino hinter mir lassen, der schwach genug gewesen wäre, eine weitere und dann noch eine Nacht zu bleiben. Kurve 17, Vollgas, ich übernehme das Kommando. Ich miete ein Auto, ich fahre weg. Ich wurde immer überall hin mitgenommen, bin nirgends allein hingefahren, außer mit dem Fahrrad. Dort, in Kurve 17, bestimme ich die Richtung, ich sitze am Steuer. *Se bastasse una buona canzone,* der Sound in dem Wagen ist irre. Meine CDs *Hit Parade Italia 80/90* sind jeweils knapp drei Stunden lang. Ich höre immer noch dieselbe Scheibe, die schon an der Schweizer Grenze lief. Bei Stuttgart habe ich Christina angerufen und sie zum Lachen gebracht. Mit meinen Krücken auf dem Rücksitz und mit unbeschwertem Gemüt machte ich endlich etwas, das ich ganz allein entschieden habe. Ich fuhr mitten im Winter mit hoher Geschwindigkeit durch eine neblige, regungslose Landschaft – eine Palette dunkler Braun- und Grüntöne, die bei der kleinsten Lücke von der Dunkelheit aufgefressen wurde: ein Weg, der in den Wald hineinführt, ein Teich mit spiegelglatter Oberfläche. Es wurde Abend, als allmählich ein riesiges dunkles

Monster hinter der Mauer auftauchte, von der die Straße begrenzt wurde. Die Fabrik schwoll immer weiter an, dampfend und feindselig, Quelle allen Nebels. Im Fahrzeuginneren bin ich allein, ohne mich einsam zu fühlen, geschützt in einer feindlichen Umgebung, auch bei hoher Geschwindigkeit sicher, das Auto ist ein Wunder. Wenn ich mein Rad eines Tages an den Nagel hänge, mache ich einen Roadtrip durch Europa und nutze die Zeit, um zu Christina zu fahren – zu Christina, die hier und da ein glückliches Leben führt, ich werde ständig zu ihr fahren. Ich freue mich, dass ihre Freiheit sie nach A oder B geführt hat, ich werde beschwingt zu ihr fahren, und sie wird lachen. Wie schaffen es die Menschen hier nur, ihr Land zu lieben? Die Dörfer sehen nach nichts aus, die Fabriken sind beängstigend. Jetzt verstehe ich viel besser, warum sie im Sommer 1.000 Kilometer nach Cesenatico fahren und sich an der flachen Landschaft und den rechtwinkligen Straßen erfreuen. An der Autobahnausfahrt erwarteten mich dunkle Nacht und Nebel, ein paar Kilometer später hörte die CD auf zu spielen. Ich holte die Karte aus meiner Tasche. Als ich auf einem Wegweiser den Namen eines der beiden Dörfer erkannte, stieg meine Nervosität spürbar an. Ich habe den Kartenausschnitt erreicht, ich kann nicht mehr umkehren, es gibt kein Hotel, ich bin angespannter, als ich es morgen vor der Etappe sein werde. Keine Panik. Kurve 17. Ich klettere und drücke aufs Tempo, ich dominiere, ich habe immer mehr Selbstvertrauen, ich beschleunige in Richtung meiner Freiheit. Ich bin zwischen den beiden Dörfern hin- und hergefahren, ehe ich den einzigen Weg genommen habe, der mit den Wegweisern übereinstimmte. Beim ersten Mal habe ich ihn übersehen, weil er mir unpassierbar schien. Der Weg führte tiefer in den Wald hinein, meine Scheinwerfer erleuchteten die Baumstämme. War der Weg anfangs noch leicht geschottert und mit einem grasbewachsenen Mittelstreifen versehen, verschlechterte sich der Zustand allmählich, bis Pfützen und Spurrinnen den Ton angaben. Ich fuhr nicht mal mit Schrittgeschwindigkeit und konnte die hervorlugenden Wurzeln und großen Steine direkt unter meinen Reifen spüren. Ich merkte, dass ich viel zu weit über das Lenkrad gebeugt war, die Finger verkrampft. Mein Blick versuchte, die Dunkelheit ringsum zu durchdringen, den Weg zu erkennen, und in einer Spurrinne, die tiefer war als die anderen, starb der Motor ab. Die Stille des Waldes stürzte auf mich ein, ich bin umgeben von Stille, ich reiße mich zusammen und starte den Wagen erneut. Ich habe eine innige Beziehung zum Untergrund, kein Kletterer kann in einer Spurrinne bleiben. Der Weg gabelt sich, wie auf der Karte vermerkt, die Vegetation hat ihn vollständig bedeckt. Nur die kleinen Böschungen am jeweiligen Rand lassen die Strecke noch erahnen. Ich habe Bedenken weiterzufahren, aber vielleicht ist es ja noch weit bis zu dem Haus, und es ist so dunkel. Und ich möchte nicht wieder diese Stille erleben. Ein großer Stein schabt hörbar am Unterboden, meine Vorbehalte erreichen eine neue Stufe, doch ich lasse mich nicht aus meiner Trance herausreißen, mit der ich das Auto Zentimeter für Zentimeter vorwärtsbewege. Ich bin ein Meister im Betätigen der Kupplung. Das Dickicht wird immer dichter, die Büsche formen eine Schikane, die Äste kratzen am Fahrzeugdach, und im Lichtkegel meiner Scheinwerfer tauchen erst ein Ford Escort, dann – eingefasst in die Vegetation – eine Tür und schließlich eine beleuchtete Gaube auf. Ich wartete darauf, dass jemand herauskommt, ehe ich mich aus dem Auto quäle – mit einer Krücke, die tiefer in den aufgeweichten Boden einsinkt als meine Schuhe. Ich ruiniere meine Nikes auf dem Weg bis zur Tür und weiß nicht, was ich tun soll, weil es keine Klingel gibt und niemand kommt, um mich zu begrüßen. Es herrscht Totenstille. Er hätte mich hören müssen, als ich von der Straße kam; er sollte mich an der Tür mit offenen Armen empfangen. Vielleicht schläft er. Ich klopfe, aber die mächtige Tür schluckt den Schall. Nichts passiert, also öffne ich den Eingang einen Spaltbreit. Ich blicke in den Raum und sehe, wie auf einem Sessel gegenüber ein dicker Mann mit rotem Gesicht, Vollbart und Brille sitzt; ein Pensionär. Ohne den Kopf in meine Richtung zu drehen, sagt er: „Marco!“

Als Sitzgelegenheit gab es lediglich einen etwas harten Pouf mit rissigem Leder, und wir starrten schweigend ins Feuer. Ein Spülbecken neben der Eingangstür, einige Küchenutensilien auf einem Regal, kein Tisch, drei Stapel Bücher auf dem Boden, ein notdürftiges Bett und auf dem Balken über dem Kamin ein Wandteller zur Tour de France 1958 sowie ein Porträt von Johannes Paul II. Das Feuer im Kamin und eine Art Gaslampe auf dem Spülbecken sind die einzigen Lichtquellen; offensichtlich gibt es hier keinen elektrischen Strom. Ich scheue mich davor, ihn anzusehen. Vielleicht wartet er darauf, dass ich ein Gespräch beginne. Ich versuche mich zu entspannen. In seinem „Marco!" zur Begrüßung schwang ein hohes Maß an Brüderlichkeit mit. Ich weiß gar nicht, ob er Italienisch spricht, ich werde es ihm überlassen, er ist mein Gastgeber. Von der stundenlangen Fahrt bin ich etwas benommen, was liegt also näher, als sich schweigend an einem Feuer zu erholen? Ich vertiefe mich in den Anblick des brennenden Holzscheits, der mal mehr, mal weniger stark rot aufglüht, gar pulsiert; eine Flamme flackert auf, taumelt, erlischt, das Holzscheit glüht ... Das züngelnde Feuer hat eine hypnotische Wirkung, die Glut bringt die Erinnerung an das Stahlwerk zurück. Ich richte meinen Blick zu ihm, er ist wie ich, irgendwer, der Typ an der Bar, der miesepetrige Buchhalter. Er dreht seinen Kopf und schaut mich mit profundem Interesse an. Profund oder aufrichtig oder wohlwollend, ich weiß es nicht. Was macht dein Bein? Er redet. Ich verstehe fast nichts, aber es klingt wie Italienisch. Wird schon werden.

Er taucht mit seinem Blick wieder tief ins Feuer ein, es schien mir für immer zu sein.

Gut, ich habe nichts dagegen, wenn wir nicht viel reden, aber wenn wir die ganze Zeit schweigen, macht es mich nervös. Das heißt: Nach einer Weile wird mir stinklangweilig und ich kriege Hunger. Während ich mit meinem Blick den Raum unter die Lupe nehme, kann ich mit Ausnahme des Eingangs keine weitere Tür erkennen. Wo soll ich hier schlafen? Bei ihm? Im Auto? Vielleicht gibt es ein Hotel in der Nähe.

Darauf muss ich mich konzentrieren: Die Erinnerung, dass ich derart müde war und kein Bett hatte, wird mir beim Einschlafen helfen. Egal, wo du in Italien nach zwölf Stunden Fahrt ankommst: Man wird dir etwas zu essen anbieten, zumindest aber etwas zu trinken. Aber ich kann ihn nicht einfach so um etwas zu essen bitten, nicht ohne zwei Sätze mit ihm gewechselt zu haben. Ich versuche es: „Ich lade Sie ins Restaurant ein." Das brachte ihn zum Lachen. Ins Restaurant? Welches Restaurant? Er hob seinen übergewichtigen Körper schnaufend vom Sessel, voller Wut und Zuneigung, und befüllte zwei Gläser mit einem grünlichen Tropfen. Ein Likör mit einem Hirsch auf dem Etikett. Stehen ist gut, Stehen ist immer besser, wenn man nicht redet. Wir könnten drei Schritte in Richtung Gaube gehen, nach draußen sehen, in der absoluten Dunkelheit versinken, und dann drei Schritte zurückmachen, um uns die Hände am Feuer zu wärmen.

Ich habe nichts davon gemacht, da er mich fest in seine Arme geschlossen hat. Ich spürte, wie mir der Inhalt seines Glases den Rücken hinablief. Es war die Umarmung eines Mannes, der Zärtlichkeit nicht gewohnt war – zu kräftig und zu lang. Ich ließ meine Arme einfach nach unten hängen, er hielt mich wie eine Puppe. Für Außenstehende hätte es gewirkt, als würde er mich stützen. Er roch nach Harz und Erde. Er trat beiseite und sah mich ungeniert an. *Wat huet Iech* dazu gebracht zu kommen? Er schenkte zwei weitere Gläser ein, hast du je ein Buch schon mal gelesen? Ich habe noch niemanden gehört, der das Italienische so ausgesprochen hat, aber ich glaube, er wollte von mir wissen, ob ich ein Buch gelesen habe. Ich dachte an Christina, meine Tänzerin in der Diskothek, die so viele Bücher verschlungen hat. In ihren Augen bin ich lieber derjenige, der noch nie ein Buch gelesen hat, als derjenige, der immer weniger Bücher liest als sie.

Er sagte zu mir, er auch nicht – bis letztes Jahr. „Der Mensch erhebt sich, um dem Geheimnis auf die Spur zu kommen, ich habe es gelesen. Das gilt sowohl für den Leser als auch für den Radsportler."

Zum Glück schien er keine Antwort zu erwarten, denn ich hatte fast nichts davon verstanden. Ich verstand einzelne Wörter, aber nicht ihren Zusammenhang. Er legte ein weiteres Holzscheit in den Kamin und setzte sich wieder in den Sessel. Ich verschob den Pouf ein wenig, damit ich nicht das Gefühl hatte, ihm zu Füßen zu liegen. Dann setzte ich mich hin. Er stopfte akribisch dunkle Kügelchen in eine kleine Pfeife und rauchte. Dabei atmete er lange ein und zündete bei jedem Zug ein Streichholz an. Während die Pfeife noch heiß war, füllte er nach.

Hast du Hunger? Ja.

Na dann, rauche.

## *11. FEBRUAR 1996

Drei Tage lang deprimiert. Sehr gut. Dank dieser Niedergeschlagenheit bin ich wütend, sehe klarer und bin radikaler. Meine intellektuellen Konstruktionen belasten mich weniger, ich kann Empfindungen zutage treten lassen, die manchmal bitter, meist aber zutreffend sind. Beispielsweise habe ich mich damit arrangiert, dass ich heute nicht in der Lage bin, aus meinem Leben ein narratives Kunstwerk zu schaffen. Ich habe nicht die Mittel, die zugrunde liegende Notwendigkeit zu sublimieren. Ich habe geglaubt, allein der Wunsch würde mir zum Erfolg verhelfen, aber der Zufall ist nur dann produktiv, wenn im Vorfeld nichts dem Zufall überlassen wurde. Am Ende ist die einzige Möglichkeit, die mir bleibt, um nicht verrückt zu werden, das Schreiben. Zumindest die Ideen aufschreiben, die mir in den Sinn kommen, und diese dann ein wenig weiterspinnen, ein Repertoire anlegen, aus dem ich schöpfen kann, sobald ich in der Lage bin, etwas zu präsentieren (Idee für einen Titel: „Explosition“).

Eine Genugtuung: Ich stelle fest, dass ich mit meiner Entschlossenheit aller Widrigkeiten zum Trotz etwas fertiggebracht habe, das nicht ins Wanken gerät.

Ich arbeite im *Energy*. Der Name ließ mich an ein Konzept denken, das noch erfunden werden muss: eines, das die Tanzbewegungen der Leute in Energie umwandelt, um damit die Musikanlage mit Strom zu versorgen.

Der Chef des Energy rief uns für die Party am Valentinstag zusammen. Die Leute sollen trinken. Und damit sie trinken, müssen sie tanzen, meinte er. Unter wirtschaftlichen Gesichtspunkten ist dieser Tag sehr wichtig. Das brachte mich dazu, mehr über die geschichtlichen Grundlagen in Erfahrung zu bringen. Historiker sind sich über den heidnischen Ursprung des Festes (die Lupercalien) und dessen Vereinnahmung zunächst durch die Christen, später aus kommerziellen Gründen, einig.

Merke:

- In einer Grotte wurden ein Ziegenbock und ein Hund geopfert. Anschließend tränkten junge Männer Fellriemen in das Blut der Opfertiere und liefen so durch die Stadt, um junge Frauen damit zu berühren und dadurch deren Fruchtbarkeit zu sichern.
- Der Heilige Valentinus ist ein Märtyrer.

- Kaiser Claudius II., sein Scharfrichter, hatte seinen Soldaten die Ehe verboten, damit sie kampfeswillig blieben.

Die Verbindung zwischen Menstruations- und Opferblut vertiefen.

Warum eigentlich ein Ziegenbock und ein Hund? Was symbolisieren sie?

Frauen, die schwanger werden wollen, stellten sich den Burschen in den Weg und ließen sich mit dem blutigen Riemen sanft auf die Haut schlagen.

Die Beziehung zwischen Blut und Fruchtbarkeit ganz allgemein (die Schöpfung ist immer ein Zusammenspiel von Sex, Gewalt und Tod).

Eine Leinwand mit blutgetränkten Riemen befruchten?

Das Verliebtsein wird von einem Märtyrer symbolisiert, der Wundertaten vollbrachte. Kann die Liebe Wunder bewirken und jemanden zu einem Märtyrer machen? Hat Claudius II. deshalb die Ehe verboten, weil sie (die Liebe, die Ehe) die Männer ihrer Aggression beraubt?

Wenn das Blut etwas mit dem Blut der Menstruation (oder der Entbindung) zu tun hat, ist die Frau dann Ziegenbock und Hund, Begierde und Hüterin der Unterwelt zugleich?

Welche symbolischen Ressourcen hat der Heilige Valentinus? Archaische Rituale recherchieren und über eine Installation nachdenken.

# 16

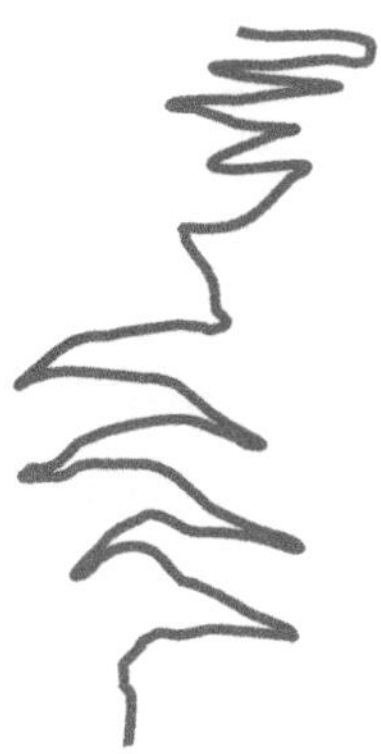

Wir beide hatten schon genug Substanzen zu uns genommen, damit wir schnell und lange pedalieren konnten. Als er mir die Pfeife entgegenstreckte, gab es also keinen Grund abzulehnen. Und dann war ich sehr hungrig.

Auch im Hier und Jetzt bekomme ich wieder Hunger. Ich hoffe, dass ich schnell genug einschlafen kann, denn wenn ich Hunger habe, ist das unmöglich. Für dieses Szenario habe ich keine Entspannungsübung aus der Sophrologie in petto.

Er zündete ein Streichholz an, und ich rauchte genau wie er. Anschließend überkam mich wieder eine gewisse Nervosität – als gäbe es kein Zurück mehr. Das flackernde Streichholz erlosch, das Holzstück glomm im Rhythmus meiner Atmung, perfekt synchronisiert, meine Atemzüge beruhigten sich mit schwindender Flamme. Ich habe meine Atmung unter Kontrolle, mein rechter Arm ist schwer, mein linker Arm ist schwer. Die Hintergrundgeräusche teilten sich in mehrere klar voneinander getrennte Schichten: die Leere, die wahre Stille zwischen den Klangplatten, die Komplexität der Platte „Feuer" mit ihrem Fauchen, Knistern, Bassteppich. Mit geschlossenen Augenlidern konnte ich die Platten im Raum neu ordnen, mich nähern oder weiter entfernen, und dabei spürte ich die samtweiche Berührung der Leere. Ich kam in die Realität zurück, als mein Oberkörper aus dem Gleichgewicht geriet und ich beinahe vom Pouf gefallen wäre. Aber gut, kein Problem, ich war völlig losgelöst von dem kleinen Beziehungswahn, der trotz allem Teil meines Alltags ist. Gleichzeitig wurde ich mir wieder der Anwesenheit von Charly gewahr. Auch er schien sich in einer kleinen, samtweichen Blase zu befinden, der Gedanke daran, ein Gespräch zu führen, wurde ausgeräumt; den Gedanken hingegen, ein Holzscheit nachzulegen, teilten wir in inniger Vertrautheit.

Er wusste, dass ich wusste, dass Holz nachgelegt werden muss, wohl wissend, dass mir bewusst war, dass er das Feuer voll und ganz in der Hand hatte, und wir teilten eine tiefe Verbundenheit in dieser Angelegenheit. Ein Funke erweckte die Flamme zu neuem Leben, erkennbare Geräusche, wie der Ruf einer Eule, mäanderten durch die Stille des Waldes, andere waren abstrakterer Natur: leichte Berührungen von Ästen, das Rascheln der Sträucher.

Bist du verliebt?

Ja.

Der Klang des Italienischen mit einem luxemburgischen Akzent ist schon erstaunlich – es klingt wie eine neue Sprache.

Deshalb bist du gekommen. Du glaubst, du verdienst sie nicht.

Und mit einem Mal verstehe ich den Satz, den er zuvor gesagt hatte: Der Mensch erhebt sich, um dem Geheimnis auf die Spur zu kommen. Ich verstehe den Satz physisch, mit meinem Körper. Ich habe ihn schon immer verstanden, spürbar, aber ich wusste es nicht.

Mein linkes Bein ist schwer, mein rechtes Bein ist schwer, meine beiden Beine sind schwer, ich denke an etwas Positives. 1995 ließ ich die Gruppe um Virenque in Kurve 16 stehen, danach war ich allein, ich war frei, ich war glücklich – das Glück, oben zu sein, beginnt in Kurve 16. Ein paar Häuser, eine kleine Streuobstwiese, es geht nach links mit dem Geruch von gemähtem Heu. Ich könnte noch mal im Energy anrufen und dort die Nummer vom Hotel hinterlassen, damit mich Christina zurückrufen kann. Ich habe es lieber, wenn sie anruft. Aber ich würde dann nur ungeduldig sein, unruhig, die Maschinerie setzt wieder ein: Sie denkt nicht mehr an mich / sie macht sich über mich lustig / sie geht mit Mario etwas trinken.

Oh, ich habe Marco vergessen. Jetzt dürfte er schon schlafen, er hat ja morgen eine harte Etappe vor sich. Machst du mir noch einen Gin Tonic, Mario? Du mixt sie immer so gut. Falls Marco anruft, sag ihm, dass ich schon weg bin.

Ich werde nicht im Energy anrufen. In Kurve 16 erhebe ich mich, ich lasse alle anderen stehen, ich beschleunige, ich falle nicht in die tiefen Niederungen des Tals zurück, Christina 1 ist den *Grattacielo* schon wieder hinabgestiegen. Ich erhebe mich und gehe dem Geheimnis auf den Grund, ich denke an nichts mehr, ich erhebe mich und ich schlafe ein.

Er hat wieder ein Holzscheit in den Kamin gelegt, ich fühlte mich sehr wohl, geliebt, verstanden, umhüllt von einer unendlichen Nachsicht. Ich schloss meine Augen und zog diesen schwer fassbaren Moment, der uns in den Schlaf fallen lässt, in die Länge. Ich balancierte sanft auf der Linie, die das Bewusstsein vom Unbewusstsein trennt. Abweichung zu einer Seite? Schwupps, etwas Akrobatik, Durchatmen. Bravo, Nestor. Gut, er sitzt, aber wie viel Zeit mag wohl seit dem Holzscheit vergangen sein?

Komm, mach mal dein Auto auf.

Wir gingen in Richtung Tür, und ich bemerkte, dass ich zum zweiten Mal ohne Krücken lief. Die Kälte umhüllte mich spürbar, ohne aggressiv zu sein, sie hatte keine unmittelbaren Auswirkungen auf die Funktion meines Körpers, sie war eine abstrakte Erfahrung. Ich drückte auf den Funkempfänger des Autoschlüssels, wodurch die Lichtung in ein kurz aufflackerndes, orangefarbenes Licht gehüllt wurde; ein zweifaches Blinken ergriff die Landschaft, Klick-Klack und dann wieder alles schwarz. Öffne die Motorhaube. Er fummelte im Motor seines Ford Escort herum, ich konnte ihn anhand der Geräusche orten. Dann machte er in etwa das Gleiche im Motorraum meines Wagens, er schloss zwei Kabel an, richtete sich neben mir wieder auf, doch nichts passierte.

Psst, nicht bewegen.

Ich spürte, wie meine Turnschuhe immer tiefer in den Boden einsanken. Allerdings wagte ich es nicht, einen Fuß zu heben, da ich damit seine Anweisung missachten würde. Ich konnte nicht hören, ob er noch da war, ich hatte nur das stille Rauschen des Waldes im Ohr. Ein ohrenbetäubendes Getöse riss die Stille auseinander. Brechende Äste, raschelnde Blätter, Grunzen, Keuchen, Stampfen, Kampf mächtiger Körper. Eine menschliche Bestie, vom Wahnsinn ergriffen, räuberte durchs Dickicht und schrie jegliche Grausamkeit und jeglichen Schmerz der Erde aus sich heraus. Aus Getöse wurde Schnaufen, es entstand eine riesige Spannung, die in Richtung

Haus davonzog, dann öffnete sich eine Tür, gefolgt von einem Schwall laut knarzenden Holzes – und dann nichts mehr. Das Blut pulsiert in meinen Ohren, unsere Atmung verlangsamt sich, eine Eule.

Im Haus zog er ein Kassettenradio aus einer Kiste und schloss es an die Stromkabel an, die durchs Fenster hineinkamen – wahrscheinlich die beiden Anschlüsse von meiner Batterie. Er hat definitiv keinen Strom. Die zweite Pfeife wirkte auf meine Seele wie Balsam auf eine Wunde, aber ich zitterte noch immer vor Kälte und Aufregung. Ich setzte mich nicht hin, sondern legte mich auf den Boden, stützte den Kopf auf dem Pouf ab und begab mich wieder auf die Linie zwischen Bewusstsein und Unbewusstsein. Mit einem Mal erfüllte ein Engelsgesang den Ort, ein Lichterregen prasselte hernieder, ein Klangnebel, ein Arpeggio-Vorhang durchzog den Raum. Ein Engelsknall verdichtete sich in den tiefen Tönen, ein anderes Engelchen, ganz allein, schmückte eine Melodie. Dann eine tiefe, feste Stimme, und mein Freund in seinem Sessel, zerzaust und verdreckt, zerkratzt und übersät mit Reisig, die Orgel zeichnet die Grenzen des Raumes neu. Alles fällt ab, und allein der Klang der Orgel erhebt sich wie eine Kuppel über uns. *Miiiiiiiiseeeeeeeeeericoooooordiiia.* Sie ziehen die Worte in die Länge, wie es ihnen gerade passt. Was ich für eine ganze Strophe hielt, ist nur ein einziges Wort! Jetzt verstehe ich die Worte, sie sind derart auseinandergezogen, dass man Zeit hat, sie zu verstehen. Das sollte man bedenken. *Pooooooteeeeeeeeeentes.* Die Starken, die mit ihren Truppen im Widerhall vorrücken, er hat die Mächtigen entthront und die Schwachen erhoben, Monteverdi, Kurve 16. Ich schiebe den Pouf ein bisschen zurecht, damit mein Kopf etwas angenehmer aufliegt, gleite geschmeidig ins Unbewusste ab und versinke darin.

In dem Moment, in dem ich einschlief, erinnerte ich mich daran, eingeschlafen zu sein. Ich bin mir sicher, für den Bruchteil einer Sekunde eingeschlafen zu sein – der erste Angriff des Schlafes. Und wenn er auch nur für den Bruchteil einer Sekunde da war, er wird wiederkommen. Ich habe weniger Angst, auf die Uhr zu schauen: 00:33 Uhr. Passt schon. Wenn ich in der nächsten Stunde einschlafe, habe ich fast eine ganz normale Nacht. Und ich weiß, dass sie tanzt, nicht nötig, sie anzurufen, mal sehen, was in ihrer Pause ist … falls ich da noch immer nicht schlafe.

Ich würde so gerne in diesen traumlosen Schlaf sinken, aus dem mich an diesem Morgen dieses grelle Geschrei herausgerissen hat. Ich bin oft mit meinem Großvater zur Jagd gegangen, daher wusste ich sofort, dass mich die Laute eines Wildschweins geweckt haben. Als ich in den Hof hinaustrat, hatte das Tier aufgehört zu brüllen, es hing mit den Hinterbeinen an der Tür und blutete in einen fragwürdigen Bottich aus. Charly hielt es mit einem Messer in der rechten Hand an den Ohren fest und zog den Kopf nach hinten, damit das Blut besser abfließen konnte, bis nur noch ein zähflüssiges Rinnsal an den Borsten am Rüssel hängen blieb. Das neben den Bottich gelaufene Blut des Frischlings verklebte den schlammigen Boden.

Ich habe so viele Schweine ausbluten lassen, wie ich Fahrer abgehängt habe. Töten und klettern sind die beiden Dinge im Leben, die ich gelernt habe.

Er sagte dies gedankenverloren, während er dem Frischling den Bauch aufschlitzte. Die Eingeweide rutschten übereinander, er hielt sie mit den Händen zurück, damit es nicht zu sehr spritzte, als sie in den Bottich mit dem Blut fielen. Er spießte den Frischling auf eine Eisenstange und sagte, dass es ihn immer geschmerzt habe, einen Fahrer am Pass stehen zu lassen, und dass es ihn immer schmerze, ein Tier zu töten. Er steckte die Stange in die Vertiefungen des Gestells, das das Feuer umgab, und begann anschließend damit, die Borsten mit seinem Messer abzurasieren. Das Blut an seinen Händen trocknete über der Glut und färbte sich braun, seine Haare standen ihm weiter zu Berge und hielten die Reisigzweige zurück, der Schlamm vom Vortag war getrocknet und hatte eine etwas hellere Farbe als das Blut angenommen. An einem seiner Arme war keine Haut mehr zu sehen. An einem grauen Tag erhob sich vor mir ein kleines Haus mit einem schlammigen Hof, im Wald hingen noch immer Nebelfetzen.

Los, wir gehen uns waschen.

Ich wollte zum Haus, aber er ist in die entgegengesetzte Richtung gelaufen. Wir tauchten in einen bemoosten, wassergesättigten Wald ein. Die Wälder in Cesena sind voller Steine, trocken und knorrig. Hier herrscht eine klamme Feuchtigkeit vor, die allerlei Gewimmel, Schimmel, Kreuchendes und Fleuchendes anzieht, was mich etwas anwiderte; lieber vertrocknen als vermodern, dachte ich mir. Vielleicht wollte Charly beim Klettern genau das erreichen: austrocken und die Stimmung der feuchten Umgebung verdampfen lassen. Er stieg vor mir einen Abhang hinab, der sehr steil zu werden begann. Manchmal mussten wir uns an einer Wurzel festhalten, sodass wir uns die Hände schmutzig machten. Charly schien mir viel agiler, als es seine Figur vermuten ließ. Wir mussten nun um steile Felsen herumgehen, die in Baumstämme eingebettet waren, dann kamen wir zu einer Art Terrasse, wo er sich all seiner Kleider entledigte. Durch das Laub hindurch konnten wir einen Fluss erkennen. Ich schob einen Ast zur Seite und sah, wie sein großer weißer Körper langsam ins Wasser eintauchte. Er watete stromaufwärts in Richtung Flussmitte und ließ sich treiben, als das Wasser tief genug wurde. Ich begab mich zu ihm. Da mir das kalte Nass fast den Atem nahm, hielt ich mich an einem Stein fest und gab mich der Strömung hin, die über meinen Schädel glitt, meine Ohren vibrieren ließ und meinen Körper wie Wassergras in wellenförmige Bewegungen versetzte. Dabei riss die Strömung die abgestorbene Haut des Typen, der ich vor Kurve 16 noch gewesen war, einfach mit – die Haut des Typen, der hierherkam, um das Geheimnis von Christina zu ergründen. Der kleine Landarbeiter aus der Romagna ging also sprichwörtlich den Bach runter, er trieb davon – weiter und immer weiter von mir weg. Den kleinen Landarbeiter aus der Romagna zu töten und zu klettern sind die beiden Dinge, die ich gelernt habe. Nur mit unseren Schuhen bekleidet gingen wir rhythmischen Schrittes zurück, um uns in diesem Wald aufzuwärmen, in dem nichts trocknen kann. Wir gingen Seite an Seite den Hang hinauf. Vor dem Feuer zogen wir unsere Kleidung wieder an, dann drehten wir das Tier auf dem Spieß. Ich fühlte mich frisch und lebendig, auch wenn ich schrecklich Hunger litt, der Duft von gegrilltem Schwein war unwiderstehlich. Er gab eine Zwiebel in einen kleinen Topf, der direkt auf der Glut stand, und schüttete etwas Rotwein hinein, der sogleich zischend verdampfte. Dann ging er zu der Seite der Hütte, die nahe am Weg lag, inspizierte einige Zwiebelgewächse, die vertrocknet aussahen, kniete sich am Fuße eines Baumes nieder, der diesen kleinen wilden Garten begrenzte, und kam dann zurück, um ein paar Pilze in den Topf zu geben.

Nein Charly, ich lese noch immer keine Bücher. In meinem Kopf lasse ich Gedanken und Erinnerungen frei kreisen, ich bete die Kurven herunter wie einen dämonischen Rosenkranz und bitte dabei flehentlich darum, dass ich doch endlich einschlafen möge.

Während er das Wildschwein tranchierte, sagte mein Freund: „Ein Franzose hat einmal über mich geschrieben: ‚Unbekümmerter, schmächtiger, Ephebe, Cherub, unbehaarter Junge, grazil und unschuldig, genialer Jugendlicher, der Rimbaud der Tour.‘ Also las ich Rimbaud. Hör mal:

*Dies ist die Ruhe, die weder Fieber noch Mattigkeit erleuchtet, auf dem Bett oder auf der Wiese.*

*Er ist der Freund, weder glühend noch schwach. Der Freund.*

*Dies ist die Geliebte, weder quälend noch gequält. Die Geliebte.*

Wie willst du das Alleinsein ohne Bücher bezwingen? Die Journalisten nannten mich den Engel der Berge. Aber das ist falsch, ich war ein junger Metzger, der kein Erbarmen kannte."

Er schnitt das Fleisch direkt über der Glut vom Spieß und goss anschließend großzügig Pilzsoße über die Scheiben. Er reichte mir Besteck, und wir teilten uns einen Teller, der auf einem Baumstamm stand. Ich war wieder sauber und bekam etwas Warmes in den Magen. Charly erklärte mir auf poetische Weise seine Freundschaft. Der Fluss hatte mir bei der Häutung geholfen und meine alte Schicht weggespült. Ich pries noch einmal meinen Unfall mit dem Geländewagen, der mich hierher und in Christinas Arme gebracht hatte, den Kühlergrill, der dafür sorgte, aus mir einen Mann zu machen. Ich sagte, ich hätte Angst davor, dass all dies verblasst, Angst davor, mich eines Tages in meiner alten Haut wiederzufinden, zu vergessen, dass ich die Zeile *Er ist der Freund, weder glühend noch schwach* gehört und verstanden hatte. *Der Freund.* Er entgegnete, dass die Pilze helfen würden und dass sein Gemüsegarten heilende Kräfte habe. Bist du verliebt?

Ja, ich bin verliebt! Ich befinde mich auf der Achterbahn der Liebe. Nichts von dem, was vorher war, hat noch eine Bedeutung, ich habe keine Kontrolle mehr. Ich begegnete ihr am 14. Februar, es war Winter, und unzählige Dinge haben sich seitdem verändert. Ich glaube, dass ich mein Schicksal gefunden habe, alles ist sofort explodiert, ich habe gesehen, dass sie jemanden in mir liebt, der ich noch nicht sein konnte. Ihr Blick widerspricht allem, jederzeit, man sieht immer eine Sache und ihr Gegenteil, die Angst und die Entschlossenheit, den Wagemut und die Sorge, die Verwunderung und den Kummer. Eine angsterregende Kraft in einer transparenten und fragilen Haut, die kleine Adernetze an den Schläfen zum Vorschein bringt, eine Haut, die sehr schnell errötet und dann wieder so blass wird, dass man durch sie hindurchsehen kann. Der Zufall hat ihr ein Muttermal geschenkt, das so aussieht, als wäre es auf die kleine Nackenfalte aufgenäht worden, so zart wie ein Edelstein auf einem Band. Diese Stelle ist das Gravitationszentrum aller Gerüche ihres Körpers, sie alle existieren an diesem besonderen Punkt, und ihre Zusammensetzung ist einfach zauberhaft. Wenn ich sie vermisse, gelingt es mir nicht, an diese Stelle, an diesen Duft zu denken, es schmerzt mich zu sehr. Ich wünschte, ich würde sie nicht begehren, damit ich ihre Schönheit noch mehr genießen könnte, der Sex ist eine Falle. Warum stellt mir das Leben so viele Fallen? Warum gab es mir das Aussehen eines Landarbeiters, um dann einen Star aus mir zu machen? Warum hat es mich in einen flachen Landstrich geboren, obwohl ich meine Zeit dann damit verbringe, Berge hinaufzufahren? Warum schickt es mich ins Krankenhaus, wenn ich den Gipfel erreicht habe? Warum lässt es mich halb nackt in einer Diskothek die Liebe finden? Ich spürte, dass meine Worte von einer ungewöhnlichen Eloquenz getragen wurden, ich blickte zu ihm auf und sah, wie sein kaminrotes Gesicht unverblümt ins Violette abglitt und seine Haare und sein Bart von weißen Fäden umsponnen waren wie ein Spinnennetz. Ich sah den Metzger und den Erzengel ganz genau, wie seine Haare in die große Maschinerie des Astwerks eingriffen, wie er mit diesem Wald verbunden war, die okkulten Verbindungen. Ich stand im Mittelpunkt der psychedelischen Erfahrung. Dieses violette Gesicht auf grünem Grund, die Verästelungen, diese Evidenz. Ich brach in langes, schallendes Gelächter aus, und mein Lachen wurde von dem Echo genährt, das ihm der Wald zurückwarf, und gewann an Intensität. Ein Lachen, das ich Christina widmete, die nicht in Lachen ausbrach, als sie mich kennenlernte. Wie kann man nicht herzlich über einen Radfahrer lachen, der auf Krücken in eine Diskothek kommt?

Es klingt wie der Anfang eines Witzes. Sie hat mich nicht ausgelacht, mein Lachen holt mich wieder ein und krallt sich an meiner Kehle fest. Sie ist erhaben, aber sie ahnt nicht, was sie mir mit ihrer Erhabenheit antut, sie hat in mir die Angst gesät, sie zu verlieren. Keine Pflanze, die regelmäßig wächst – sie wächst, verkümmert, schrumpft, nimmt den ganzen Platz ein, erstickt mich in Angst. Schau dir den Baum hinter dir an, er wächst und schrumpft. Es sieht so aus, als würde er atmen, so sieht's aus. Ich habe meine Atmung auf ihn abgestimmt, ich atme mit dem Wald, meine Arme sind schwer, meine Beine sind schwer, ich spüre, wie ein Gefühl der Vollendung durch meinen Körper strömt. Ich frage ihn, ob er schon einmal verliebt war. Zwischen jedem einzelnen Wort taten sich Abgründe auf, Gedankenewigkeiten. Mir ist es gelungen, sie miteinander zu verbinden: Warst du schon einmal verliebt?

Warum glaubst du wohl, bin ich hier?

## *16. FEBRUAR 1996

Auf Arbeit sah ich während der ersten Pause in der – scheußlichen – Nacht des Valentinstags den verschrobensten Typen des Abends ankommen. Ein kleiner, schüchterner Glatzkopf mit buntem Skipullover und Krücken. Krücken in einer Diskothek sind wirklich außergewöhnlich, ein unmittelbares Eingeständnis der Kapitulation, wie ein Gladiator, der mit Luftballons die Arena betritt. Mit seinem traurigen, schüchternen Blick inmitten all dieser testosterongesteuerten, vor Selbstbewusstsein strotzenden Männer funkelte er wie die Verhöhnung des Machismos. Er löste eine derartige Verbundenheit in mir aus, dass ich ihn ohne großes Nachdenken ansprach. Ich hieß ihn willkommen, sagte, dass der Heilige Valentinus ein Märtyrer gewesen war, und fragte ihn, ob er mein Valentinsdate für den Abend sein möchte. Mein forsches Auftreten machte ihn derart verlegen, dass ich, geniert von meiner Dreistigkeit, zur Bar ging und ihm einen Drink holte. Als ich zurückkam, um ihm den Drink zu überreichen, saß er mit zwei Freunden an einem Tisch. Ich gab ihm sein Glas und stieß mit ihm auf die Verliebten an. Während er es nicht schaffte, mir in die Augen zu schauen, murmelte er etwas, das ich wegen der lauten Musik nicht verstehen konnte. Ich ging zurück tanzen, und bei meiner nächsten Pause war er weg. Ich hätte mich gern ein wenig mit ihm unterhalten, ihm gesagt, dass ich den Valentinstag hasse. Ich empfand mein Verhalten als unhöflich, und rückblickend muss er mich in Anbetracht von Ort, Uhrzeit, meiner Kleidung und meinem Gebaren zu Recht für eine Nutte gehalten haben. Ich kenne ihn nicht und habe dennoch das Gefühl, etwas vermasselt zu haben. Ich muss aufhören, mich ständig schuldig zu fühlen.

Ich betrachte es als ein kleines Ereignis, das ich noch immer nicht verstanden habe, das aber sicherlich meine Beschäftigung mit dem Valentinstag nähren wird. Am Ende habe ich mich wie ein Macho verhalten.

Als ich gestern Abend wieder zur Arbeit kam, gab mir Livia eine Nachricht, die ein Kunde für mich hinterlassen hatte. „Wenn Sie über den Valentinstag sprechen möchten …“, dazu eine Telefonnummer. Ich habe heute angerufen. Nachdem ich dreimal bei einer nur mäßig freundlichen Dame gelandet war, hatte ich ihn am anderen Ende der Leitung, und er verabredete sich mit mir in einer *Gelateria* in Strandnähe. Ich wusste nicht, dass die Eisdielen auch im Winter geöffnet haben, fand aber, dass es sehr gut zu den Krücken und dem Skipulli passte. Er spricht nur ungern über sich, trotzdem konnte ich in Erfahrung bringen, dass er Radrennfahrer ist. Während ich frierend an meinem Eis schleckte, sagte er das so, als würde er mir beichten, ein Taugenichts oder Taschendieb zu sein. Er schaute auf sein Eis und seine Füße, und ich war von seinen langen Wimpern ergriffen. Dann sind wir ein wenig spazieren gegangen, es war kalt und öde. Ich konnte diese Begegnung wohl nur mit meinem Projekt „Mein Leben als erzählerisches Werk“ in Verbindung bringen. Ein Radrennfahrer am Valentinstag – der Titel für eine Installation steht bereits. Ein anderer Titel, den ich mir merken sollte: „Ich bin eine Frau, die sich in einer Diskothek verkauft.“ Zusammen bergen die beiden Ideen den reinsten Sprengstoff. Nur sieht er alles andere wie ein Champion aus, er ähnelt eher einem dünnen Zweig, der im eisigen Wind zittert.

Er hat mich morgen zu einem weiteren Date eingeladen.

Erkenntnis: Ich bin im Moment absolut nicht in der Lage, über diese Situation nachzudenken. Daher werde ich den Faden in diesem Heft erst wieder aufnehmen, wenn ich klarer denken kann.

# 15

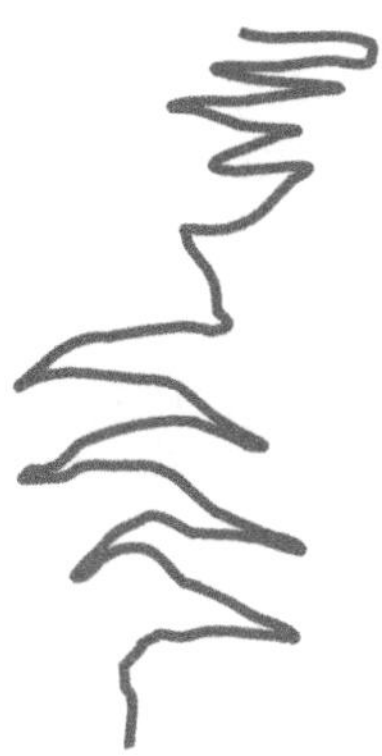

Und dann, schwuppdiwupp, passt alles zusammen, das Puzzle ergibt ein Bild. Ich verstehe das *Komm. C.* Denn er sah in mir den Verliebten, den verliebten Kletterer, ich hatte sein Leiden nicht bedacht, und ich fühle mich plötzlich hineingezogen, ich falle in einen Kessel voller Schmerz, ich verstehe, warum er violett ist. Mir schießt alles mit Vollgas in den Kopf, das ist der zweite Antritt, das ist Kurve 15, der kleine Schmerz in meinen Beinen ist das Signal dafür, ein zweites Mal das Tempo anzuziehen, es ist der Schmerz, den ich mit meinem Freund teile, mit der gesamten Welt teile. Alle anderen habe ich bereits stehen lassen, aber ich beschleunige ein zweites Mal und weiß ganz genau, was das bedeutet. Er machte ein paar Gymnastikübungen, so eine Art Tai-Chi oder einen Tanz, vielleicht hörte er innerlich Monteverdi, oder er hockte weiter vor dem Feuer, und ich habe mir alles nur eingebildet. Ich sagte zu ihm, es ist schrecklich. Sie kann doch nicht nur schön sein, ohne interessant zu sein … Eines Tages sah sie mir dabei zu, wie ich mein Rad auseinandergebaut habe. Sie setzte sich hin und hat mich dabei beobachtet, wie ich es bis zur letzten Schraube auseinander- und dann wieder zusammenbaute. Das hat mir gefallen, gleichzeitig war ich verlegen. Interessiert es sie überhaupt? Ist sie konsterniert? Findet sie mich gut aussehend? Ich war alles andere als ruhig, ich habe mein Rad nicht mit der gleichen Freude wie sonst auseinandergebaut. Doch jetzt, in dem Moment, in dem ich mit dir spreche, ist alles klar. Sie hat etwas in mir gesehen, das größer ist als ich, sie hat ihre Poesie dazugegeben, um daraus ein Kunstwerk zu machen.

Ich muss sie anrufen, muss ihr sagen, dass ich all das verstanden habe, dass ich ihre Poesie liebe. Ich habe ihr nie etwas von dieser Reise erzählt, von den Schätzen, die ich von dort mitgebracht habe. Ich glaube, einen Fehler gemacht zu haben, etwas mehr oder weniger Schändliches. Ich wusste nicht, was ich ihr hätte sagen sollen. Jetzt weiß ich es. 1:12 Uhr, um diese Zeit ist sie erreichbar. Aber wenn ich mich wieder wie so ein Idiot wie vorhin verhalte, sollte ich es besser lassen. Nein, dieses Mal ist es anders. Ich weiß, was ich ihr sagen werde. Ich rufe sie extra an, um ihr etwas Besonderes mitzuteilen … Was war es doch gleich? Ach ja, dass ich mich in ihre Poesie verliebt habe. Ich muss diesen Satz zumindest in den Kontext bringen, sonst kommt er nicht an. Ich werde sie an den Tag erinnern, an dem sie mir beim Auseinanderbauen des Fahrrads zugesehen hat. Es wäre klasse, wenn sie mir sagen würde, dass sie diesen Moment tatsächlich als ein Kunstwerk, eine Installation erlebt hat. Sie interessiert sich für Kunst, aber ich spreche das Thema nicht an, weil mich meine Unkenntnis ausschließt, mich von ihr entfernt. Ich hätte mir nie vorstellen können, dass ich Teil ihrer künstlerischen Vision sein könnte. Ich dachte, ich sei ein Fehler, ein Eindringling. Ich kann ihr das nicht sagen. Sie wird ungeduldig, und dann werde ich mich verheddern. Aber wenn ich sie nicht anrufe, geht sie wieder tanzen. Oder sie geht nach Hause, wenn keiner mehr da ist, doch an einem Samstag im Juli in einem Ferienort muss der Laden zwangsläufig voll sein. Vor dem Morgengrauen wird sie nicht nach Hause kommen. Wenn ich sie nicht anrufe, fühle ich mich gestresst, ich werde nicht schlafen können. Rimini im Juli! Sämtliche Touristen der Adriaküste liegen ihr zu Füßen, ein Haufen Typen, die nur von einem Urlaubsflirt und einem heißen One-Night-Stand träumen. Ich bin in Kurve 15, mitten in meinem zweiten Antritt.

Nein, ich kann mich nicht beruhigen, ich glaube, ich werde nervös … Ich glaube sogar, dass ich genau deswegen nervös werde … Ich wollte dir etwas sagen … Du weißt, dass ich dich liebe … Aber weißt du auch, was ich so an dir liebe und dir noch nie gesagt habe? Nein, nein, es ist nicht dein Arsch … Auch wenn ich ihn liebe … Es geht nicht darum, WARUM ich dich liebe, sondern WAS ich an dir liebe … Wer spricht da mit dir? Ich muss dir etwas Wichtiges sagen, morgen wartet eine Wahnsinnsetappe auf mich, und du hast nicht mal fünf Minuten, um mit mir zu reden? … Hast du dich wieder angezogen? … Aber du wirst ständig unterbrochen, dir ist es doch scheißegal, respektiere mich wenigstens … Ja, ich glaube, dass dir das gefällt, sonst würdest du es ja nicht machen, ich habe dir schon einmal gesagt, dass ich genug Geld für uns beide habe … Ich weiß nicht mehr, was ich dir sagen wollte, ich habe keine Lust mehr, es zu sagen, du machst mich verrückt, warum ist dein ganzes Leben darauf ausgerichtet, mich verrückt zu machen? … Verdammt, hast du nicht mal fünf Minuten Zeit für mich? … Meine Eifersucht kommt nicht von ungefähr, wenn du dich nur ein bisschen für mich interessieren würdest, ich hocke hier im Dunkeln und klettere in meinem Kopf alle Kehren von Alpe d'Huez hinauf, und in all diesen Haarnadelkurven bist du dabei, in jeder einzelnen davon denke ich an dich, und zwar mit so viel Liebe, dass es wehtut. Dafür musst du mir etwas zurückgeben, damit ich sicher sein kann, dass du mich liebst… Für dich ist es leicht, „Ich liebe dich" zu sagen und gleichzeitig mit irgendjemandem zu reden, der gerade vorbeikommt. Aber mir brennt hingegen ein glühend heißes Eisen in der Brust, und du hast keine Zeit, ich bin es nicht wert, beruhigt zu werden… Kannst du mich nicht lieben, wie ich bin, ist das zu viel verlangt?

## *20. FEBRUAR 1996

Wir haben gevögelt, wir sehen uns jeden Tag. Ich sehe die Dinge zwar noch immer nicht klarer, doch immerhin schreibe ich. Weder Beichte noch Tagebuch, aber zumindest ist mir bewusst geworden, dass er berühmt ist. Das heißt, dass ich auch weiterhin eine zunehmend karikaturistische Rolle einnehmen werde. Jetzt bin ich eine junge Frau, die ihre Jugend an eine Diskothek und an einen blonden Sportler verkauft. Wow! Das Bild wird derart extrem, dass es mich an die Idee von „Mein Leben als erzählerisches Werk" erinnert. Trivialer ausgedrückt: Die Tatsache, dass er berühmt ist, eröffnet neue Möglichkeiten für die Verbreitung. Es wäre doch unseriös, das von der Hand zu weisen.

Aus dieser verrückten Situation muss sich doch etwas machen lassen.

## *23. FEBRUAR 1996

Wir haben viel geredet. Wir lernten uns besser kennen. Ich habe nun die Bestätigung, dass er berühmt ist. Er ist Radsportler, ein Mann für die Berge, eine „Bergziege". Das ist interessant. Er hat mir erklärt, dass er den Giro oder die Tour niemals gewinnen wird, weil er nur das Klettern beherrscht. Dieser Sport, in dem man außergewöhnlich gut sein kann, ohne jemals zu gewinnen, ist schon erstaunlich. Ich dachte immer, das sei sonst nur der Kunst vorbehalten. Er mag weder das Rad noch andere Radfahrer. Er liebt nur das Klettern, das ist so liebenswert. Aktuell hat er nichts zu tun, da er im Oktober einen schweren Unfall hatte. Wenn ich es richtig verstanden habe, gibt es im Winter keine Radrennen, und in seinem Ober- und Unterschenkel stecken noch immer riesige Nägel – es ähnelt einem bionischen Bein. Ich spüre, dass er zur Untätigkeit verdammt ist, wir verbringen unsere Tage zusammen, und wenn ich abends zur Arbeit gehe, kümmert er sich um zahlreiche Dinge in meiner Wohnung. Das kann ein schiefes Regal, eine schlecht schließende Tür oder der tropfende Wasserhahn sein … Ich habe Angst, dass er einzieht. Ich wollte ihm schon eine Ansage machen und erklären, dass ich auch Zeit für mich allein brauche, dass eine kurze Zeit der Trennung nur die Lust aufs Wiedersehen steigere und so weiter. Doch er kam mir zuvor und sagte, dass er ein paar Tage nicht da sein würde. Perfekt. Ich bin mir immer noch nicht sicher, ob aus Rücksicht oder Pflichtgefühl. Ich will es auch nicht wissen, es ist so, wie es ist, und das ist gut so.

Ich hatte die Vision einer Installation, die die „*Frau* des Sportlers" bis zur Absurdität in Szene setzen würde. Das Publikum könnte eine aktive Rolle wie bei einer Sportveranstaltung einnehmen und die Leistung ähnlich honorieren. Wodurch unterscheidet sich die Leistung im Sport von der Leistung in der Kunst? Wie kann man das Publikum dazu bringen, auf eine Performance in der bildenden Kunst (die Musik hat in dieser Hinsicht bereits einen Vorsprung) genauso verrückt und empathisch zu reagieren? Man muss eine originelle, aktive Position für das Publikum finden, die Zuschauer in die Inszenierung einbeziehen. Ich habe mir Marco vorgestellt – er heißt Marco –, wie er sich auf einem Hometrainer abstrampelt, während ich methodisch alle Aufgaben erledige, die man von der Frau eines Sportlers erwartet: ihn bekochen, ihn ermutigen, Liebe machen, ihn wachrütteln, ihn auf dem Podium küssen – und das Ganze dann immer wieder von vorn.

Mir erschien ein weiteres Bild, als Marco mir davon erzählte, was er fühlt, wenn die Straße ansteigt – das Gefühl, endlich lebendig zu sein.

Ich habe mir die Berge wie Vulven vorgestellt, die für ihn jedes Mal ein lebensspendendes Erlebnis sind.

Doch ich wage zu sagen, dass es noch ein weiter Weg ist, er hat keine Ahnung, was in meinem Kopf los ist. Für ihn habe ich im Energy den erstbesten Job angenommen, den ich bekommen konnte. Punkt.

Ich habe das Konzept des Valentinstags überdacht, das ich weiterhin für zutreffend halte. Vor allem habe ich gelernt, dass man nach alter Tradition die Namen der Mädchen und Jungen in einer Urne vermischt, um dann durch zufälliges Ziehen willkürliche Paare zu bilden. Der Sache könnte man sicherlich näher auf den Grund gehen; aus dem Publikum per Losentscheid Paare bilden. Sie würden dann gemeinsam die Installation anschauen, und der Zufall würde über das gesamte Projekt wachen.

Ein weiteres mögliches Konzept: das Auspeitschen mit weichen Riemen aus der Haut (dem Fleisch?) von Tieren. Man stelle sich vor, wie ich vor einer Leinwand oder einem anderen weißen Hintergrund stehe. Die Valentinen (die Zuschauer) würden mich auspeitschen, nachdem sie die Riemen in Farbe getaucht hätten. Ideal wäre es, wenn auf einer Riemenseite das Fell erhalten bliebe. Nach einer Weile sollte das Auspeitschen dazu führen, dass meine Silhouette zu sehen ist (mein Körper schützt die Leinwand und wird sichtbar, weil er nicht bemalt wird). Das Fruchtbarkeitsritual der Künstlerin wird ein Double ihrer selbst schaffen.

Merke: Der Präfekt, der Valentin von Terni verurteilte, hieß Placido Furio – frei übersetzt etwa der Zartbesaitete Wüterich. Name und Vorname als Oxymoron, ein exzellenter Titel für eine Ausstellung.

# 14

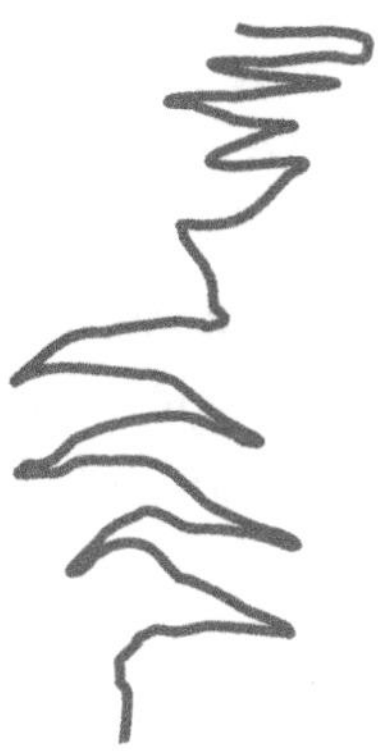

Ich knalle den Hörer auf die Basis, dahinter abgrundtiefe Leere, die Wut, die fast unmittelbar danach in dieser unendlichen Tiefe verfliegt, all diese Spitzen dumpfen Schmerzes, die sich in meinem Bauch breitmachen – und dann plötzlich das überwältigende Verlangen, sie wieder anzurufen, um jede einzelne dieser Spitzen dorthin zurückzuschicken, wo sie hergekommen war. Die Spitze, die sagt, du bist ein Arschloch. Die Spitze, die sagt, sie erträgt dich nicht mehr lang. Die Spitze, die sagt, du verdienst sie nicht. Die Spitze, die sagt, du wirst es nie schaffen.

Ich richte den Fokus auf meine Empfindungen: Frische, Wärme. Ich lasse meinen Geist zur Ruhe kommen, ich atme aus und mach mich locker, ich atme drei Sekunden lang ein und lasse sechs Sekunden lang los, meine Gedanken sind ruhig, geschmeidig, und sie gleiten über die Wasseroberfläche des Sees. Kurve 14, meine Beine tun weh, ich bin mir sicher, dass ich es nie schaffen werde. Ich will es nicht schaffen, damit es aufhört, weil es zu sehr schmerzt. Die 14 wie der 14. Februar, das Fest der Liebenden, der Tag, an dem ich Christina begegnet bin. Der Heilige Valentinus ist ein Märtyrer, ein Gefangener, der sich in die Tochter seines Kerkermeisters verliebt hat. Ich hätte mich in Acht nehmen müssen, alles ist gesagt. Elefantino ist am 14. Februar gestorben.

Auf der einen Seite das Schwein, auf einer Seite verkohlt, weil es niemand mehr umdrehte, auf der anderen Seite mein Freund, ebenfalls ein Märtyrer, dessen Haare allesamt mit Zahnrädern verkettet waren, über die er eine Art Saft pumpte, der seinem kaminroten Gesicht eine außergewöhnliche, sichtbare Energie verlieh. Das gesamte Waldsystem, das mir deutlich offenbart wurde, konzentrierte seine Weisheit und Energie auf dieses unvorstellbare

Gesicht, dessen Violett nun von einem anderen Netz in leuchtendem Grün verziert wurde, und all die verwobenen Fasern verknüpften sich miteinander. Ich stand auf, um mich von diesem Taumel abzulenken. Die drei Schritte, die ich in Richtung der Glut machte, zerfielen in unendlich viele Augenblicke. Der Boden drohte, bis in eine große Tiefe hinein schwammig zu werden, die Bäume beugten sich über mich, ich erlernte alles neu und von vorn. Ich bat meinen Freund, mich am Sattel zu halten, und nahm die Stützräder ab. Er stand auf. Ich nahm eine stattliche Fleischmasse wahr, die sich zu mir, hinter mich, ganz nah an mich heran begab, ich spürte seinen Atem und all die verschiedenen Arten von Wärme, die von ihm ausgingen. Los, heb das rechte Pedal und lehn dich ein bisschen nach vorn, Druck ausüben, *lass*, und ab!

Du hältst mich, du lässt mich nicht los, okay? Aber ja doch, ich halte dich.

Ich war berauscht von den elementarsten Empfindungen: Bewegung, Motorik, Gleichgewicht, Angst, Hochgefühl.

Hältst du mich?

Ja, ich halte dich. Lass die Arme locker, halt dich nicht so verkrampft am Lenker fest, entspann dich, du wirst die Balance spüren.

Ich habe noch nie so laut gelacht, war nervös, stand an der Schwelle zu einem Wunder. Du lässt mich nicht los, okay?

Aber nicht doch. Ich bin da, siehst du?

Ich spüre seine Wärme nicht mehr, seine Stimme entfernt sich, er hat mich losgelassen, ohne es mir zu sagen, aber ich falle nicht, durch die Bewegung verliere ich nicht das Gleichgewicht, bloß nicht anhalten! Ich spüre den Wind in meinen Haaren, ich entspanne meine Arme, ich hebe den Kopf, um in den Himmel zu schauen, und die über mich gebeugten Bäume sind stolz, dass ich das Gleichgewicht ganz allein halte. Ich strampelte, solange ich konnte, und genoss es letztlich, zu jenen Menschen zu gehören, die Radfahren können. Der Abend kroch ins Unterholz, und die Kälte ließ meinen Körper verspannen. Ich stellte fest, dass ich allein war. Doch ich hatte ihn immer dort gespürt, beschützend und stolz auf mein neues Gleichgewichtsgefühl. Die Halluzinationen kamen jetzt nur noch sporadisch, in Schüben, vor dem Hintergrund einer leichten allgemeinen Verzerrung. Er stand vor dem Kamin, ich kam wieder zu Sinnen. Ich war melancholisch und erleichtert. Zum ersten Mal seit meiner Ankunft wurde mir bewusst, dass ich wirklich in diesem Wald war und dass ich ihn wieder verlassen musste. Doch ich war zu erschöpft, es sofort zu tun. Ich setzte mich wieder auf meinen Pouf, hier und da konnte ich noch leuchtend grüne Überbleibsel in meinem Blickfeld wahrnehmen.

Weißt du, es dauert seine Zeit. Wenn alles vorbei ist und du fast noch ein ganzes Leben zu leben hast. Zu jenem Zeitpunkt mochte ich das wunderbare Leben nicht, ich mochte keine Abfahrten, ich mochte keine Flachstücke, ich mochte es nicht, Pillen zu nehmen, ich mochte es nicht, dass man mich für einen Idioten hielt, nur weil ich nicht so gut Französisch sprach, ich mochte Bobet nicht, ich mochte nicht, dass mich das Peloton nicht mag. Ich war nur dann gut, wenn es bergauf ging, wenn ich die anderen stehenlassen konnte. Allein bergan nach oben zu radeln, wenn ich gute Beine hatte, die Aussicht, der Himmel. Es dauert seine Zeit, bis dir bewusst wird, dass nur noch die Liebe das Leben wunderbar machen kann, dass dich jemand ansieht, dass du Schmerzen empfindest, dass du alles gibst und nicht allein bist. Doch es ist ziemlich viel von ihr verlangt, von der Liebe. Denn so bedrängst du sie mit Dingen, die sie nichts angehen, du entziehst ihr die Grundlage, bis sie sich zurückzieht und dich in eine Einsamkeit und endlose Bedeutungslosigkeit zurückschickt. Es dauert seine Zeit, du hast das Gefühl, dass es niemals aufhören wird, du fragst dich, ob du schon viel zu lange dasselbe machst, ob es sich jemals ändern wird. Und dann erinnerst du dich daran, dass es einen Tod gibt.

Ich bin aufgewacht – in einem Hotelzimmer wie dem, in dem ich mich gerade befinde, mein Auto stand auf der anderen Straßenseite. Warum habe ich sie angerufen? Warum mache ich immer denselben Mist? Ich werde Kurve 14 trotzdem meistern. Wenn ich den Schmerz in den Beinen überwinden kann, dann kann ich auch den Schmerz in meiner

Seele, in meinem Herzen und in meinem Kopf überwinden. Gelb ist die Farbe des Schlafes, des Einschlafens. Ich lege gelbe Farbe auf mein Zwerchfell, und bei jedem Atemzug blähe ich den Bauch auf. Ich verkneife es mir, sie noch einmal anzurufen, ich vertraue ihr, dass sie mir noch einmal verzeiht, ich werde ihr ein Engel sein. Und morgen, in Kurve 14, werde ich wissen, dass ich noch weitergehen kann; zusammen mit den letzten Kontrahenten lasse ich das Arschloch in mir los, das alles ruiniert, das immer Angst hat. Ich lasse meine Krücken bei Charly und meine alte Haut im Fluss zurück. Ich bändige den Strom meiner Gedanken, ich baue mein Rad auseinander und wieder zusammen und lausche dabei dem Klang der geschmierten Kette. Der Klang der geschmierten Kette schaukelt mich in den Schlaf, ich bin allein, ich bin befreit.

## *15. MÄRZ 1996

Marco ist ein Radfahrer, der nicht Rad fährt, und ich bin eine Künstlerin, die nicht kreativ ist. Er kann nichts mit meinem Müßiggang anfangen und ich nichts damit, dass er berühmt ist. Vor einigen Tagen ist etwas passiert, das ich schon vorausgeahnt habe. Normalerweise bringt mich Livia nach Hause. Doch sie fühlte sich auf Arbeit nicht wohl und ist früher los. Also hat mich Mario auf dem Motorrad mitgenommen. Wir haben uns unten vor dem Hauseingang noch ein bisschen unterhalten, er ist sehr lustig und er mag mich. Als ich das Licht anschaltete, saß Marco im Sessel.

Für wie blöd hältst du mich?

Ich kenne diesen Ton, die kalte Bedrohung, die abscheuliche Selbstsicherheit, wenn man sich im Recht fühlt. Er machte einen Riesenaufstand, knallte die Tür zu und erinnerte noch einmal daran, dass man ihn nicht für dumm verkaufen sollte. Wie soll sich so im Leben etwas zum Besseren wenden? Dennoch glaube ich weiterhin, dass sein Eintritt in mein Leben ein Ansporn ist.

## *10. MAI 1996

Ich kreise um die Kunst, ich kreise um mich selbst, ich kreise um die Welt, und Marco kreist um mich. Wir hatten eine äußerst interessante Unterhaltung. Ich sagte ihm, dass mir erst jetzt bewusst wird, wie berühmt er eigentlich ist und wie sehr die Menschen ihn lieben. Er entgegnete, dass er aussehe wie ein Landarbeiter und nur deshalb bekannt ist, weil er die Anstiege schneller hinauffahre als andere. Dann fragte er, ob ich das nicht furchtbar fände. Ich wollte von ihm wissen, ob er es nicht auch ein wenig amüsant finden würde, ob es nicht das Einfachste und Gesündeste wäre, Spaß daran zu haben, die Rolle zu spielen. Dann wurde mir bewusst, dass ich ihm genau das vorschlug, wozu ich selbst nicht imstande bin. Ich nahm dummerweise an, dass es die Dinge einfacher machen würde, wenn man berühmt ist.

Dabei sagte alles in seinen Augen genau das Gegenteil. Hinter seinen langen Wimpern versteckte sich Angst, die Angst davor, für etwas geliebt zu werden, was er nicht ist oder besser gesagt, was nur ein winziger Teil von ihm ist – der Teil, der ihn schnell den Berg hinauf Rad fahren lässt. Vielleicht aber auch einfach nur die Angst, geliebt zu werden. Ich liebe ihn.

# 13

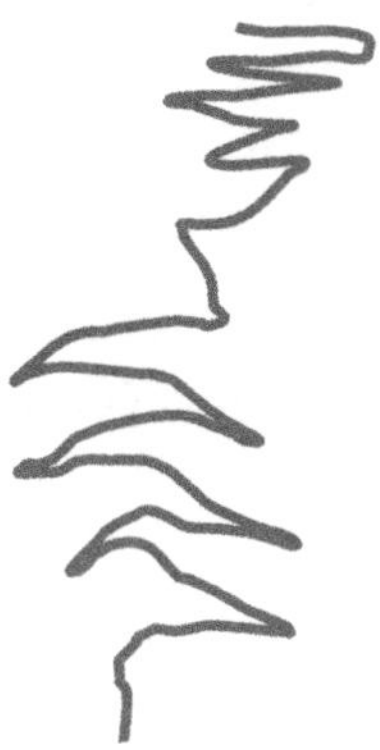

In meiner zweiten Tempoverschärfung gebe ich Vollgas, ich lasse kein bisschen nach und meine Beine schmerzen immer mehr. Ich bin wütend auf das Rad, auf das, was es mir aufbürdet. Am liebsten würde ich es die kleine Schlucht hinabwerfen und verschwinden, keine Schmerzen mehr haben. Ich bin wütend auf die ganze Welt, die

Welt, die entschieden hat, dass ich vom Pech verfolgt sein soll, dass mir vor einem Monat beim Giro eine schwarze Katze vors Rad laufen sollte. Dabei war es eine weiße Katze! Ja, ich wurde am 13. Januar geboren, ja, morgen steht die dreizehnte Etappe an, aber ich werde Kurve 13 meistern, werde den Bestimmungen des Bannstrahls entfliehen, all diese Wut wird auf die Pedale drücken. Ihr könnt mich mal kreuzweise! Es war eine weiße Katze, und Elefantino ist Geschichte. Jetzt bin ich Il Pirata. Sie wollen mir böse Blicke zuwerfen, weil ich früher nach nichts aussah. Und es ist nur schwer zu akzeptieren, dass ein Mann, der schneller die Berge hinaufklettert als die anderen, der dem Radsport wieder neues Charisma verleiht, der den Verwalter Indurain verblassen lässt, dass so ein Mann aussieht wie ein Niemand. Wer nach einem Niemand aussieht, sei verflucht. Elefantino.

*Deine Mutter bewacht*
*Dich bei Tag und bei Nacht*
*droht Gefahr, eile geschwind*
*nur zu mir her, mein liebes Kind*

Il Pirata ist keinesfalls verflucht, er stürzt wegen einer weißen Katze, W E I S S! In Kurve 13 piekst man keine Nadeln in eine Puppe, man sieht, wie Il Pirata dem Sieg entgegenfliegt. Wenn er zu Boden geht, trifft Il Pirata das Glück, erhält die richtige Nummer, kommt wie gerufen, kommt zur richtigen Zeit. Er hat 1995 im Training Bekanntschaft mit einem Lkw gemacht? Er gewinnt in Alpe d'Huez. Er kollidiert bei Mailand–Turin mit einem Geländewagen? Die Zwangspause führt ihn auf Krücken in eine Diskothek, wo er die wunderbare Christina trifft, die ihn in seine Kirche eintreten lässt. Il Pirata erhält wundersames Geleit, und die ominöse Katze war weiß. Vielleicht war es sogar ein Frettchen. Ich verehre den Kühlergrill dieses Jeeps, ihr Idioten, und in Kurve 13 hat nicht jeder das Glück, so zu klettern wie ich, ich bin ganz allein, die anderen sind hinter mir, keine Chance. Federico Bahamontes – der Adler von Toledo. Charly Gaul – der Engel der Berge. Und … Elefantino. Finde den Fehler! Die neue Rollenverteilung lautet: der Adler von Toledo, der Engel der Berge und Il Pirata. Und all jene, die glauben, dass Elefantino kein Glück hatte, werden die Rückennummer von Il Pirata wie eine Rakete vorbeifliegen sehen, die 21 – also aufgepasst, es wird schnell vorüber sein. Il Pirata wurde von Christina geboren. Eine Frau liebte den kleinen Landarbeiter, den Tänzer auf Krücken, und brachte Il Pirata hervor. Ich kann ein anderer sein, weil ich endlich geboren wurde.

*Schmieg dich an, ich bin für dich da*
*Ich bin dir nah, mein liebes Kind*

Sie wird Il Pirata lieben wie ihr Kind, ihre Schöpfung. Ich muss ihr ein Engel sein. Sollte ich ihr Blumen in den Nachtclub liefern lassen? Nein, das wäre bescheuert, das wäre eine billige Entschuldigung. Tut mir leid, Liebes, aber ich habe genügend Geld, um mich wie ein Arschloch aufzuführen. Ich muss mir etwas einfallen lassen, ich werde niemals einschlafen können, wenn dieses Schuldgefühl an mir nagt. Ich habe schon einiges versucht, vielleicht könnte ich anrufen und meine Nummer durchgeben lassen, dann könnte sie mich, wenn sie denn will, nach 2 Uhr zurückrufen. Aber wenn ich das tue, würde das Warten auf ihren Anruf meinen Schlaf ruinieren, und ich würde sie schließlich leicht vergnatzt zurückrufen und sie fragen, warum sie nicht angerufen hat und warum sie mit Mario noch etwas trinken geht, und ich werde wieder einmal alles kaputtmachen. Dabei sollte ich doch fähig sein, ohne Erwartungen auf etwas zu hoffen, mich auf all das Vertrauen und die Klarheit zu besinnen, die ich bei Charly gewonnen habe, und mich daran erinnern, dass die tote Hülle von Elefantino sich in einem Fluss namens Sauer – der heißt tatsächlich so – aufgelöst hat. Wenn ich mich von dieser Ungeduld und diesen Ängsten nicht befreien kann, werde ich auch nicht in der Lage sein, in Kurve 14 die zweite Tempoverschärfung zu forcieren. Ich werde stattdessen in Kurve 13 stürzen, werde niemals die Kehren erklimmen, die mich zu Christina und zu ihrem Geheimnis führen. Wenn ich es heute Nacht nicht schaffe, dann schaffe ich es nie.

Welcher Mario? Wie bitte? Mario von der Bar? Warum lande ich nicht an der Rezeption? Ich möchte mit Livia sprechen, dem Mädchen an der Kasse… Nein, ich werde keine Nachricht hinterlassen, ich rufe Livia zurück… Nein, ich rufe noch mal an.

Für wen hält sich dieser Blödmann eigentlich? Glaubt er wirklich, ich hinterlasse ihm eine Nachricht für Christina? Livia kann an einem Samstag um 2 Uhr in der Nacht nicht allzu lang von der Kasse verschwinden, ich werde in fünf Minuten noch einmal anrufen.

Ich werde nie verstehen, warum wir so zeitig essen müssen, ich habe einen Bärenhunger, und mit hungrigem Magen konnte ich noch nie schlafen. Vor allem, wenn ich aufgeregt bin, verbindet sich der Schmerz in meiner Brust mit dem Brennen im Magen und schlägt so den Schlaf in die Flucht. Ich träume von einem vollen Bauch und von dem wohlig entspannenden Gefühl, das sich einstellt, wenn man pappsatt ist. Ich bin sicher, dass ich sofort einschlafen würde, wenn ich noch ein gutes Sandwich verschlingen könnte.

Ah, Livia, ich hab vorhin schon mal angerufen, kam aber bei einem Mario raus… Nein, nein, ich habe ihn noch nie gesehen. Kannst du eine Nummer für Christina aufschreiben? … Ja, das ist die Nummer eines Hotels: 334 77 21 12 21, Zimmer 11. Sag ihr bitte, dass sie mich jederzeit anrufen kann… Nein, nichts Dringendes, danke Livia.

So ist es besser, so weiß sie, dass ich nicht wütend auf sie bin, jetzt muss ich nur noch auf den Schlaf warten. Ich öffne meine beiden Hände wie eine Blume, befreie mein Nervensystem und lasse den Schlaf eindringen. Ich lausche den Reifen auf dem Asphalt, in Kurve 13 biege ich nach links ab, die Laubbäume verschwinden, Pinien und Tannen übernehmen, Berge wie in einem Western. Ich lege mich unter einen Baum und lasse einen erholsamen, regenerierenden Schlaf auf mich zukommen. Eine *Piadina* mit Schinken und Käse, das wäre jetzt genau das Richtige für mich, schön warm und knusprig. Keine *Piadina* meiner Mutter, ich hasse die *Piadine* meiner Mutter. Ich bin mit Christina in ihre *Piadineria* gegangen, weil ich wollte, dass Tonina sie mehr akzeptiert, dass sie ihre Vorurteile gegenüber einem Mädchen ablegt, das als Tänzerin in einer Diskothek arbeitet und keine Italienerin ist. Ich dachte, dass sich durch Toninas Arbeit eine gewisse Verbindung zwischen ihnen entwickeln könnte, und ich manövrierte Christina so geschickt wie möglich hinter den Tresen zu meiner Mutter.

Lass dir helfen, Mama, ich bin sicher, sie ist begabt, zeig ihr, wie es geht.

Doch sie zeigte ihr allein, zu welchem Undank sie fähig ist. Schließlich erduldete sie, wenn auch nur widerwillig, dass Christina die *Piadina* für den nächsten Gast zubereitete, und thronte selbstgefällig in ihrem kleinen Reich. Aus Angst, dass Christina zurechtkommt, dass sie ihr die einzige kleine Sache wegnimmt, die sie kann, zeigte sie ihre ganze Hässlichkeit. Dagegen bildete Christina mit ihrer Schönheit, vor allem aber mit ihrer guten Laune, die sie sich bewahrte, einen scharfen Kontrast – so heiter wie sie da neben dieser undankbaren, von Verbitterung und Frustration durchtränkten Figur stand. Als dann ein Kunde zu Christina kam, beschlich mich langsam, aber sicher das Gefühl, dass ich wieder mal eine schlechte Idee gehabt hatte. Er gab seine Bestellung auf, und meine Mutter wartete nicht einmal, bis er sich an seinen Tisch gesetzt hatte, um Christina spöttisch anzufauchen, dass er eine *Piadina* und kein Lächeln bestellt habe.

Ein Tsunami des Hasses fegte über mich hinweg. Mir gelang es, den Mund zu halten und weiter zu lächeln, aber am liebsten hätte ich ihr die grässlichsten Beschimpfungen zugeworfen, und ich war mir sicher, dass wir fortan unversöhnlich sein würden. Ich wollte Christina in meine Arme nehmen, um die Wunde zu heilen. Ich habe nichts gemacht, wie sie ließ ich diesen Schlag in die Magengrube über mich ergehen und bin fast daran erstickt. Christina strahlte eine intelligente Bescheidenheit aus, wie ein Rohdiamant, der in einen Kuhfladen geworfen wurde, und ich dachte, dass sie mir vielleicht wieder einmal verzeihen würde. Ich ließ meine Mutter wie alle anderen in Kurve 13 stehen, du wirst meine Rückennummer nicht mehr wiedersehen, Mama, dessen kannst du dir sicher sein. Du behältst deinen Sohn, um dein erbärmliches Leben zu füllen, aber du wirst weder Marco noch Elefantino jemals wiedersehen. *Sei vergnügt, niedlicher Spatz, Du bist mein Schatz, Mein liebes Kind.*

Christina stellte die fertige *Piadina* auf den Tresen, und wir gingen – benommen von einer gewissen Niedergeschlagenheit und schweigend – hinaus. Ohne es zu merken, gingen wir in Richtung Strand. Das Ende des Winters verlieh der Szenerie eine nutzlose, traurige Erhabenheit, ein unbehagliches Gefühl der Vernachlässigung. Wir befanden uns fast an dem Ort, an dem ich zehn Jahre zuvor Christina 1 getroffen hatte. Der *Grattacielo* durchbohrte die tief hängenden Wolken ab der einundzwanzigsten Etage, und ich kam nicht um den Gedanken umhin, dass mich Christina, die wahre, bis nach ganz oben begleitet hätte, dass sie aus diesem Aufstieg etwas gemacht hätte, das ihr gehört, ein Schaffenswerk. Ich wollte ihr sagen, dass es mir leidtut. Sie küsste mich sehr lange. Wir gingen wieder zum Auto, ich hinkend, sie schweigend, zwei tapfere Soldaten, die von den feindlichen Linien zurückgekehrt waren.

Ich sollte immer ein paar Müsliriegel im Zimmer haben. In meiner Tasche habe ich noch etwas Kleingeld, ich werde mir etwas zu Naschen holen, in der Lobby habe ich einen Automaten gesehen. Kartoffelchips wären das Beste. Ich habe wahnsinnige Lust auf Kartoffelchips, sie werden mich in Morpheus‘ Arme treiben.

Super, es gibt Chips! Ich werfe meine größte Münze hinein, drei Tüten werde ich mir gönnen.

Ich werfe meine größte Münze hinein, und es passiert absolut nichts, kein Klick, kein Klack, ich versuche es mit kleineren Münzen, aber es ist der reinste Albtraum! Jetzt stecken meine Münzen in diesem Drecksding fest, das gibts doch nicht! Ich werde die Münzen retten, ich werde dich durchrütteln wie den Flipperautomaten im Hollyday in Cesena, du wirst mir meine Chipstüten ausspucken, du gottverdammtes Scheißding!

„Entschuldigung, der Herr?"

Häh, wer ist dieser Typ? „Sie haben mich erschreckt!"

„Oh, ich kenne Sie, Sie sind Herr Pantani, ich... bewundere Sie sehr, Herr Pantani, aber bitte lassen Sie den Automaten in Ruhe."

„Meine Münzen klemmen in dem Ding, das ist Diebstahl."

„Aber Herr Pantani, das ist doch ganz normal. Sie haben italienische Lire hineingesteckt, dabei nimmt der Automat nur französische Franc."

„Oh, scheiße, was mache ich jetzt?"

„Warten Sie, ich werde es mit einer französischen Münze versuchen... Es funktioniert nicht, die Münzen, die Sie hineingeworfen haben, haben alles blockiert."

„Was kann man da machen, auseinanderbauen? Wenn es uns gelingt, die Seiten hier abzuschrauben ..."

„Das ist unmöglich, Herr Pantani. Die Automaten werden von einer externen Firma betreut."

„Rufen Sie dort an, machen Sie etwas!"

„Es ist fast 2 Uhr morgens, die Firma hat keinen 24-Stunden-Dienst."

„In diesem Hotel gibt es doch mehrere Küchen, da werden Sie mir ja bestimmt etwas zu essen besorgen können."

„Ich habe keinen Zugang zu den Küchen, Herr Pantani. Es tut mir leid. Ich wünschte, ich könnte etwas für Sie tun, aber die sind alle geschlossen. Die Frühschicht kommt um 6 Uhr, um das Frühstück vorzubereiten, vorher kann ich nichts machen."

„Es muss doch eine Lösung geben, man lässt doch niemanden verhungern. Hat in Hotelnähe denn nichts mehr geöffnet? Egal, was."

„Um diese Uhrzeit hat nichts mehr offen. Höchstens vielleicht der Kebab-Imbiss in der Nähe des Bahnhofs, aber der schließt bald."

„Ist es weit bis dorthin?"

„Nun, es ist nicht gerade um die Ecke. Zu Fuß werden Sie es nicht vor Ladenschluss schaffen."

„Sie sind doch sicher mit dem Auto zur Arbeit gefahren, oder? Bitte besorgen Sie mir ein Sandwich. Ich gebe Ihnen morgen das Geld, ein Autogramm und wenn Sie wollen auch mein Trikot."

„Das ist keine Frage des Geldes, Herr Pantani, aber ich darf meinen Posten nicht verlassen. Falls ein Gast anruft oder es auch nur das kleinste Problem gibt, riskiere ich meinen Job."

„Es ist 2 Uhr morgens, es wird niemand anrufen, und im Fall der Fälle springe ich ein. Ich bitte Sie, morgen steht eine große Etappe an, ich kann nicht schlafen. Können Sie gut schlafen, wenn Ihnen der Magen knurrt?"

„Irgendwann werden Sie sicherlich einschlafen. Im Französischen sagt man: ‚*Qui dort dîne*' – das bedeutet so viel wie Schlaf ersetzt eine Mahlzeit. In allen Zimmern gibt es Beutelchen mit Eisenkraut, das wirkt beruhigend."

„Wir verlieren hier wertvolle Zeit, ich will kein Eisenkraut, ich habe ein Loch im Bauch, ich will ein Sandwich, ich flehe Sie an. Wenn wir noch weiter diskutieren, hat Ihr Kebab-Imbiss geschlossen. Ich gebe Ihnen morgen 100.000 Lire, wenn Sie hinfahren."

„Es geht nicht ums Geld, Herr Pantani."

„Jetzt hören Sie endlich auf, mich Herr Pantani zu nennen. Hören Sie, ich bin nur ein Mensch, der Hunger hat. Man darf hungrigen Menschen kein Essen verwehren, das ist ein Grundsatz im Leben. Ich habe morgen eine superwichtige Etappe vor mir, wegen einer weißen Katze habe ich noch nichts mit meiner Mannschaft gewonnen. Wenn ich nichts esse, kann ich nicht schlafen, und dann werde ich morgen nicht die Beine haben, wo doch die ganze Welt auf mich schauen wird, verstehen Sie das?"

„Eine weiße Katze …?"

„Vergessen Sie's! Was ich sagen will: Wenn Sie fahren, haben Sie eine überaus große Tat in Ihrem Leben vollbracht. Sie und ich wissen dann, dass ich morgen allein wegen Ihnen gewonnen haben werde."

„Sprechen Sie Französisch?"

„Nein, warum?“

„Wenn das Telefon klingelt, sagen Sie einfach ‚*Oui*‘ und ‚*Non*‘. Das heißt Ja bzw. Nein. Bitte ohne Akzent, wenn es geht. Sprechen Sie mir nach: ‚*Rappelez-moi dans dix minutes s'il vous plaît.*‘“

„*Rappelez-moi dans dix minutes s'il vous plaît.*“

„Gut, sagen Sie einfach ‚*Oui*‘ und ‚*Non*‘. Wollen Sie zu Ihrem Sandwich auch ein Getränk?“

„Nein danke. Ich setze mich auf Ihren Platz, für den Fall, dass das Telefon klingelt.“

„Mir wäre es lieber, man würde Sie nicht sehen. Warten Sie in dem kleinen Büro da hinten auf mich. Dort schlafe ich, Sie können sich sogar hinlegen.“

Ich bin gerettet, alles wird gut, mir bleiben noch fünf Stunden Schlaf, nicht optimal, aber es wird schon gehen. Seit ich weiß, dass ich etwas zu essen bekommen werde, fühle ich mich schon besser, viel ruhiger, ich bin erleichtert. Ich bin mir sicher, dass ich einschlafen werde, sobald ich mein Sandwich aufgegessen habe. Allein der Gedanke daran lässt meine Augenlider schwer werden. Ich bin völlig erschöpft, ich sollte *hier* schlafen, hier geht es mir besser als in meinem Zimmer.

Auf dem Parkplatz ist alles ruhig, die Laternen zeichnen ihre Strahlen in den Nebel, alles ist vollkommen still, ich befinde mich mitten in meiner Nachtwache und lehne fest hinter meinem Tresen. Ich spüre Zufriedenheit und empfinde es als Privileg, über alle Gäste, ihren Schlaf und ihre Sicherheit zu wachen. Ich kann sie fast riechen, und, wenn ich aufmerksam lausche, ihr leises Atemgeräusch hören. Ich breite einige Dokumente auf dem Schreibtisch aus. Ein Brief erregt meine Aufmerksamkeit, ein behördliches Schreiben. Ich werfe einen genaueren Blick auf den Namen und die Adresse des Empfängers: Es ist mein Name, der im Umschlagsfenster zu lesen ist! Ich erhalte Post adressiert an dieses Hotel, und niemand sagt mir etwas? Als ich die anderen Briefe betrachte, stelle ich fest, dass sie alle an mich adressiert sind: z. Hd. Herrn Pantani, Hotel Pantani. Das ist mein Hotel, aber natürlich, es ist mein Hotel, ich bin der Besitzer. Vor mir läutet eines der Telefone, was soll ich tun? Ich erinnere mich, dass ich nur „*Oui*" bzw. „*Non*" sagen soll. „*Oui, oui, oui.*" Am anderen Ende des Tresens klingelt ein zweites Telefon. Ah, zum Glück sitze ich in einem Bürostuhl mit Rollen, ich flitze den Schreibtisch entlang. Ich habe nicht gemessen, wie außergewöhnlich lang er ist. Der Stuhl rollt eine ganze Weile, als ob er eine gewaltige Strecke zurückzulegen hätte. Ich komme schließlich am Telefon an: „*Oui, oui, oui, oui, oui.*" Bevor das Gespräch vorüber ist, klingelt ein weiteres Telefon. Am Apparat ist eine Familie, die nach einem Zimmer fragt, und da ich nur das Wort „*Oui*" sage, ist mir die Identität des Anrufers und das Gesagte gleichgültig, ich antworte an zwei Telefonen mit „*Oui*". „*Oui, oui, oui.*" Zwei weitere Telefone klingeln gleichzeitig. Mir fällt auf, dass die Fläche zwischen der Tresenplatte und dem Schreibtisch mit zwei übereinanderliegenden Telefonen bestückt ist, die in schierer Unendlichkeit aneinandergereiht sind. Nach Gesprächsende werfe ich die Mobilteile in Perfektion zurück auf ihre Basisstation, während ich neue Anrufe entgegennehme. Dabei jongliere ich mit den Apparaten in der Luft, um zwischen einem „*Oui*" hier und einem „*Oui*" da ein anderes Telefonat entgegenzunehmen. Ich bin der Mozart der Telefonzentrale, ich bin im Flow, alle Gäste sind zufrieden, mein Stuhl gleitet hin und her wie ein Scheibenwischer, ich könnte endlos lange so weitermachen. Ich bin derart fokussiert, dass ich das Paar, das sich dem Tresen nähert, kaum beachte. Ich versuche, den beiden mit meinem Blick verständlich zu machen, dass ich nicht mit ihnen sprechen kann, dass sie aber hierbleiben sollen, damit ich ihnen den Schlüssel geben kann. Sie scheinen mich sehr gut verstanden zu haben und finden es völlig normal, also drehe ich mich zwischen zwei Telefonen mit meinem Stuhl so, dass ich im Vorbeirollen einen Schlüssel zu fassen bekomme, den ich ihnen zuwerfe. Die Frau fängt ihn mit erstaunlicher Lässigkeit, während eine Familie mit Koffern und kompletter Wintersportausrüstung durch die Tür kommt. Der Vater hält einem älteren Herrn die Tür auf, der, kaum dass er eingetreten ist, die Hand hebt und einen Schlüssel fängt, an den ich mich nicht erinnern kann, ihn geworfen zu haben. Nun strömen ununterbrochen Gäste in die Lobby, alle scheinen entspannt zu sein. Eine Frau kommt auf mich zu. Vor sich trägt sie ein Päckchen wie eine Opfergabe. Ich kenne sie, es ist Tonina, es ist meine Mutter! Jemand muss ihr gesagt haben, dass ich viel zu tun habe. Sie bringt mir warme *Piadine* mit Schinken und Käse, ich kann sie von hier aus riechen, sie duften köstlich. Meine Bewegungen laufen in einer Bilderfolge ab. Ich versuche Zeit zu gewinnen, um zwischen einem Schlüssel und einem Telefon ein Sandwich in die Hände zu bekommen, aber es fehlt jedes Mal ein Sekundenbruchteil. Aus ihren Augen kann ich ablesen, dass sie mir es nicht übel nimmt, dass sie versteht, dass die Arbeit wichtiger ist. Sie ermutigt mich, die Hundertstel herauszuholen, die mir fehlen, und singt, ohne die Lippen zu bewegen:

*Ich will lieb zu dir sein, Sei vergnügt, niedlicher Spatz, Du bist mein Schatz, Mein liebes Kind.*

Ich bin richtig stolz darauf, alles so gut zu meistern. Am Ende der Lobby, die sich immer mehr füllt, hält eine junge blonde Frau jemandem die Tür auf und dreht sich um. Es ist Christina. Sie sieht mich an und wirft mir ein schwer zu deutendes Lächeln zu. Es muss ein konspiratives Lächeln sein, zugleich fremd. Es drückt etwas aus, das ich nicht ignorieren sollte. Die Lobby ist jetzt voller Menschen, aber sie hält hartnäckig die Tür auf. Die Leute müssen durch eine andere Tür kommen oder aus den Wänden sickern. Christina kehrt mir wieder den Rücken zu, ohne die Glastür loszulassen. Es kommt ein Mann, für den sie die Tür aufgehalten hat. Sie dreht sich mit demselben Lächeln wieder zu mir, und der mir unbekannte Mann (Mario? Das sollte dieses Lächeln also heißen?) kommt mit einem Kind an der Hand herein. Diese Situation, auch wenn sie meine Arbeit kaum gestört hat, hat mich leider völlig von Toninas *Piadine* abgelenkt. Hier gibt es ein großes Problem, um das ich mich kümmern muss. Aber wer ist dieses Kind? Ist es ihr Sohn, sind sie verheiratet? Meine Mutter ruft mich mit der Stimme meines Vaters.

„Herr Pantani, Herr Pantani?"

Und das Telefon klingelt.

„Herr Pantani, Ihr Kebab."

Aber Mama, ich …

„Ah, danke, Sie haben mir etwas zu essen gebracht, Sie sind ein Schatz."

„Übertreiben Sie nicht, Herr Pantani. Das macht 12 Francs. Warten Sie einen Augenblick, da muss ich rangehen … Ja, ja, ja, könnten Sie bitte einen kurzen Moment in der Leitung bleiben? Ich habe noch etwas mit einem Gast zu klären und bin gleich für Sie da."

„Ich habe nur Lire. Mein sportlicher Leiter wird Ihnen morgen früh das Geld geben."

„Morgen früh bin ich nicht da. Hatten Sie nicht zufällig Ihr Trikot erwähnt?"

„In Ordnung, gern, ich werde Ihnen morgen früh mein Trikot geben."

„Aber wie ich Ihnen bereits sagte, morgen früh werde ich um 5.30 Uhr gehen. Könnten Sie es mir denn nicht gleich geben? Moment, Ihr Kebab."

„Danke, ich gehe es holen, ich bin gleich wieder da.“

„Danke, Herr Pantani.“

„Bitte hören Sie auf, meinen Namen zu rufen.“

„Hallo, Hotel Kyriad Saint-Étienne, vielen Dank für Ihre Geduld, was kann ich für Sie tun?“

Ich weiß nicht, wie ich morgen früh erklären soll, dass ich ein neues Trikot brauche. Sie halten mich doch schon jetzt für einen Spinner. Der Duft dieses Kebabs ist überwältigend. Ich frage mich, welche Tiere sie da hineingetan haben. Ein einziges Stockwerk hat gereicht, um den Fahrstuhl vollständig damit einzunebeln. Ich bin noch immer nicht aus diesem Traum erwacht, ich höre überall das Telefon klingeln. Der lange Korridor erinnert an *The Shining*. Es klingelt tatsächlich ein Telefon. Klingt so, als wäre es in meinem Zimmer. Es ist in meinem Zimmer! Wo habe ich nur meinen Schlüssel hingetan? Scheiße, mein halber Kebab und der Tomatensalat mit Zwiebeln liegt auf dem Teppichboden, weiße Soße als Deko obendrauf. Sie ruft mich an, sie ist gerade fertig mit der Arbeit und ruft mich sofort an!

„Hallo, hallo?“

Dieser Typ ist doch total bescheuert! Warum hat er zugelassen, dass sie wieder auflegt? Er weiß genau, wer ich bin. Er hat tausendmal „Herr Pantani“ gesagt. Er wusste genau, dass ich kommen würde, warum hat er sie auflegen lassen? Ich werde ihm die Fresse polieren, verdammte Scheiße, so blöd kann man doch gar nicht sein!

Hört dieses Chaos denn nie auf? Gedämpfte Stimme hinter der Wand. Der kalte Kebab hat das Papier vollständig mit Fett durchtränkt.

## *22. JULI 1996

Eine bemerkenswerte öffentliche Veranstaltung in Cesenatico. Marco hat mir vom wichtigsten Fest der Stadt erzählt. Im Mittelpunkt steht ein Mast. Er hat mich dazu überredet hinzugehen, wollte mich aber nicht begleiten. Er sagte, und ich will es ihm glauben, dass es zu einem Massenauflauf kommen würde, falls er dort aufkreuzt. Das Fest hat folgenden Hintergrund: Über dem Hafenkanal wird ein mit Fett eingeschmierter Mast aufgerichtet. Anschließend versuchen die Männer nacheinander, die Spitze zu erklimmen. Man könnte es auch so zusammenfassen: Sie errichten einen gigantischen, schmierigen Phallus, und die Männer treten an, um ihn zu erobern. Ich konnte nicht in Erfahrung bringen, ob Frauen die Teilnahme verboten ist, aber ich habe nur Jungs gesehen, die das Unterfangen wagten. Liegt es daran, dass diese Stadt so flach ist, oder warum finden steif nach oben stehende Objekte wie der Mast bei diesem Fest oder der *Grattacielo* hier solchen Anklang? Ich bin lange geblieben, um mir die unzähligen wiederholten Versuche dieses seltsamen Rituals anzuschauen, bei dem die Männer fast jedes Mal scheitern. Vielleicht sind es Frauen, die den Mast einölen und sich während der Vorbereitungen alle Mühe geben, damit es den Männern nicht gelingt, ihre Männlichkeit zu feiern. Am folgenden Sonntag legen sie den Mast quer über den Kanal und versuchen dann, auf dem schmierigen Balken zum gegenüberliegenden Ufer zu kriechen, ohne dabei ins Wasser zu fallen. Diese Variante lässt mich ratlos zurück.

Es müsste etwas erfunden werden, das dieses Ritual mit dem Valentinstag verknüpft. Willkürlich zusammengestellte Paare, in Farbe getränkte Riemen aus Fleisch, eingeölte Masten und Tunnel… Eine weitere große Leinwand, auf der die Teilnehmer die schmierigen Spuren ihres Versagens hinterlassen. Vielleicht gibt es einen Zusammenhang zwischen dem Einölen und der Salbung, die Märtyrer wie den Heiligen Valentinus von Terni segnet.

Christina / Christian / Christ.

Eine weitere Idee, die ich festhalten will: Marco erzählte mir von seiner Verletzung und dass es sich um eine doppelte Sternfraktur oder einen Splitterbruch handelte. Bei diesem Begriff denkt man an zerbrochenes Glas oder eine splitternde Windschutzscheibe. Vielleicht sollte ich ein „Instrument" entwerfen, das sternförmig splittert. Sterne aus den Bruchstücken und Splittern fertigen.

Anmerkung: Meiner Arbeit in der Diskothek wohnt keine kreative Dimension mehr inne – so, als ob sich die Notwendigkeit verschoben hat. Dieser Job, den ich zunächst als erniedrigend und entfremdend empfunden habe, ist heute die Voraussetzung für meine Unabhängigkeit. Vielleicht nicht aus materieller Sicht – ich könnte mit etwas anderem genauso viel verdienen –, sondern in Bezug auf meine Unabhängigkeit als Frau. Meine Arbeit wird aufgrund seiner Eifersucht immer ein Problem für Marco darstellen. Ständiges Feinjustieren. Ich verstehe nichts mehr.

# 12

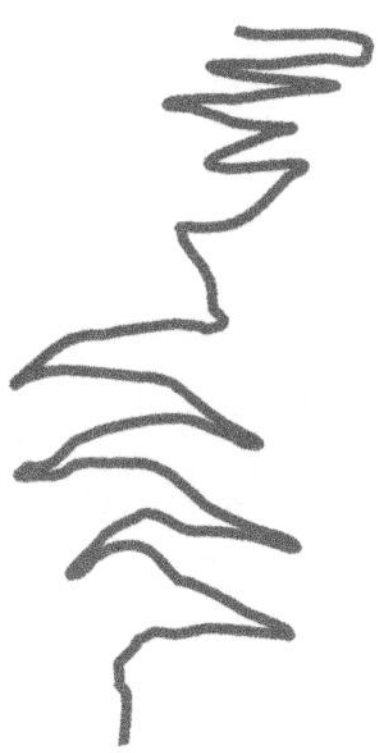

Alles wird gut, Marco. Atme tief durch, du hast jetzt keinen Hunger mehr. Leg dich wieder hin und entspann dich, wo war ich stehen geblieben? Ach ja, Kurve 12. Ich bin allein, ich habe alle anderen abgehängt, ich fühle mich gut. Ich konzentriere mich auf meine Bauchatmung. Rechtskurve, Palisade und Blumenkästen, das Rauschen eines kleinen Wasserfalls. Ich bin noch lange nicht am Ziel, aber habe das Tal schon weit hinter mir gelassen. Das Publikum ist da, es ist freundlich – mehr Zuschauer als Fans. Ich lasse das kristallklare Murmeln des Wasserfalls mit seinem beruhigenden Tonfall auf mich einwirken. Meine Beine schmerzen nicht mehr so sehr, ich erkenne den zweiten Atemzug, ich visualisiere meinen Sieg von 1995, ich habe Flügel, ich fliege über den Asphalt. Meine Arme sind schwer, meine Beine sind schwer, ich spüre, wie mein ganzer Körper in die Matratze sinkt. Der Schlaf hat mich erschlagen. In dem kleinen Zimmer des Wachmanns bin ich ein paar Sekunden lang weggenickt. Er wird von ganz allein wiederkommen. Der Schlaf wird mich in seine unermesslichen, wohlwollenden Flügel einhüllen. Was für ein Idiot dieser Nachtwächter doch ist, das regt mich auf! Was wird Christina denken? Dass ich nicht in meinem Zimmer bin? Dass ich mit einer Hostess von Crédit Lyonnais schlafe? Ich könnte ja trotzdem versuchen, sie zu Hause anzurufen. Nein, Hilfe! Ich muss diese Gedanken, die nichts als Anspannung verursachen, beiseiteschieben. Ich muss mich auf meine Atmung konzentrieren. Mir die Kadenz mental vor Augen führen, die ich in Kurve 12 anschlagen werde, und meine Atmung danach ausrichten: drei Pedalumdrehungen mit jedem Einatmen, drei mit jedem Ausatmen. Dann erhöhe ich auf vier Umdrehungen, um meine Atmung zu verlangsamen. Ich befinde mich auf der Geraden zwischen den Kurven 12 und 11, und ich weiß, dass ich schlafen werde, noch bevor ich Kehre 11 erreicht habe. Ich werde bei ihr anrufen. Wenn sie da ist, werde ich ihr sagen, dass ich sie liebe, dass ich ihr nur eine gute Nacht wünschen wollte. Und wenn sie nicht da ist, hinterlasse ich ihr eine Nachricht auf dem Anrufbeantworter. Ich werde ihr einfach erklären, warum ich vorhin nicht gleich ans Telefon gehen konnte. Ich werde so etwas wie inneren Frieden empfinden, und der Schlaf kommt dann ganz von allein.

Hier ist noch mal Marco. Ich kam gerade rein, als du aufgelegt hast. Ich habe mir etwas zu essen geholt, dann ist mir alles auf den Boden gefallen, als ich losgestürzt bin, ha ha ha… Ich liebe dich, ich verstehe nicht ganz, warum du schon aus dem Energy los bist. Zu Hause bist du auch nicht, na gut… Gute Nacht.

Okay, der Schaden hielt sich in Grenzen. Ich glaube, ich hatte einen ziemlich coolen Ton drauf. Sie ist bei einem Typen, so viel ist sicher, in einen anderen Nachtclub kann sie nicht gegangen sein, sie hasst das. Ich werde das Fenster öffnen. Es ist warm und stickig und der Kebab riecht mittlerweile eher nach Gammelfleisch. Ich werfe ihn nach draußen in den Müllcontainer. Das hat wohl ein paar Katzen aufgescheucht, die jetzt mächtig Alarm machen. Schnell den Fensterladen wieder schließen.

BUMM, BUMM! Wäre es vielleicht möglich, etwas Schlaf zu bekommen, ja?

Ich erkenne die Stimme von Mario Traversoni. Er ist im gegenüberliegenden Zimmer. Scheiß auf ihn, er ist gestern 169. geworden, kann sich also nicht groß verausgabt haben. Es ist kühler, und ich fühle mich besser. Zwischen Kurve 12 und 11 justiere ich mich neu ein, konzentriere mich wieder auf Tritt und Atmung. Die neue Frische im Raum, die Frische des Wasserfalls, alles ist frisch und neu. Ich bin ein neuer Mensch, der eine ganz neue Nacht beginnt. Meine Augenlider sind schwer, ich beginne zu spüren, wie mich die flauschigen Wogen des Schlafs sanft berühren. In der Stille denke ich nur noch an das Geräusch meiner Atmung. Die weite, sternenklare Nacht lässt mich in das Unbewusste hinübergleiten. Die kurzen Momente der Benommenheit signalisieren mir für einen Sekundenbruchteil, dass ich in den Schlaf gefallen bin. Meine Beine pedalieren jetzt mühelos, ich spüre die Unebenheiten des Straßenbelags unter meinen Rädern nicht mehr, ich bewege mich auf einem Luftkissen. Die Zuschauer am Straßenrand sind sehr respektvoll. Sie klatschen in die Hände – klapp, klapp, klapp – und feuern mich an. Herr Pantani, Herr Pantani!

## *25. DEZEMBER 1996

Meine Mutter fühlt sich jeden Tag einsam, und besonders festliche Tage wie Weihnachten erinnern sie daran, dass sie besonders einsam ist. Allein mit mir, die ihr jeden Tag außer Weihnachten vor

Augen führt, dass sie allein ist, allein mit mir. Zu Weihnachten trinken wir ein Gläschen, vielleicht auch zwei, drei oder vier, schließlich ist es das Fest des Christkinds. Glockengeläut. Da sitzt sie nun mit ihrer Tochter, der Kleinen, und all den Gläschen und Erinnerungen. Eine Menge Gesellschaft, um allein zu sein. Ich fühlte mich sehr einsam vis-à-vis dieser einsamen Frau, die mir einst Spielzeug schenkte, mit dem man alleine spielt. Und man spürt, dass diese Einsamkeit schlafen will, damit all das aufhört, damit morgen ein neuer Tag erwacht, an dem sich das Alleinsein viel gewöhnlicher anfühlt. Marco wollte, dass ich Weihnachten mit ihm bei seiner Familie verbringe, aber ich habe abgelehnt. Ich will mich Heiligabend mit niemandem mehr allein fühlen. Er war einverstanden und sagte, dass er zu mir kommen würde, bevor er seine Eltern besucht. Ich bin los, um ihm ein Geschenk zu kaufen, und habe eine Perücke gefunden. Das fand ich lustig. Und schließlich sind wir zusammen, da sollten wir uns doch verstehen und über dieselben Dinge lachen. Als ich mit meinem Geschenk nach Hause kam, dachte ich, er sei schon da, aber da war niemand. Ich stellte meine Sachen ab, wobei ich ein Päckchen auf dem Sessel bemerkte, und bin sofort hin, um zu sehen, was sich darin befindet. Es ist meine Wohnung, also muss ich gedacht haben, dass es für mich ist. Diskretion war mir in dem Moment fremd. Ich öffnete es und las die Nachricht: *Für das Kind.* Dem Päckchen lag auch ein ziemlich hoch dotierter Scheck bei. Ich habe das Päckchen, es war an Frau Casartelli adressiert, wieder verschlossen und zurückgelegt. Marco hatte mir nie von dieser Frau erzählt, von keiner Beziehung, die lang und stark und andauernd genug war, dass es einen Scheck, ein Kind, ein Geheimnis erklären würde. Ich hatte das Gefühl, aus allen Wolken zu fallen. Das passte nicht zu Marco – oder war ich nur nicht fähig, ihn richtig einzuschätzen? Ich habe ihm nicht das Recht eingeräumt, jemand anderes zu sein als die Person, die ich mir vorgestellt hatte. Was ich als Schüchternheit interpretiere, ist vielleicht ein Ausdruck von Reue, seine Treuherzigkeit das Stigma einer Schuld. Wer ist diese unbefleckte Empfängnis mit ihrem Jesus, der man als guter Weihnachtsmann Schecks ausstellt? Dieser Typ ist eigentlich Keyser Söze aus *Die üblichen Verdächtigen*. Ich habe minutenlang irgendwelchen Unsinn gemacht, eine Zigarette angesteckt, dann eine zweite im anderen Zimmer, aus dem Fenster gestarrt, ich ließ den Wasserkocher pfeifen. Und dann war da wirklich nichts mehr, ich spürte nur noch das morbide Leichentuch der familiären Weihnachtsfeierlichkeiten, das mich mit einer feindseligen Kälte umhüllte. Marco kam mit einem Blumenstrauß zurück. Ich dachte nicht mehr nach und bin in der Erwartung aufgestanden, den Blumenstrauß, den er mir zu Weihnachten schenkte, freudig entgegenzunehmen. Dann erinnerte ich mich, dass ich auch ein Geschenk für ihn hatte. Ich ging es holen, und als ich zurückkam, schloss er das Paket mit den Blumen darin. Hast du etwas Klebeband? Ich legte das Geschenk beiseite und fand Klebeband in einer Schublade. Wir tranken eine Flasche Prosecco, Marco war sehr locker und entspannt, doch ich bekam das Kind, den Scheck, die Blumen und Frau Casartelli nicht aus meinem Kopf. Ich wagte es nicht, ihn darauf anzusprechen. Es lag bestimmt an der weihnachtlichen Stimmung und an Marcos guter Laune.

Erkenntnis: Offensichtlich bin ich nicht so unempfindlich – zumindest weniger, als ich dachte – gegen die zwiespältigen Gefühle, die Weihnachten hervorruft. Muss tiefer ergründet werden, sowohl auf persönlicher als auch auf symbolischer Ebene. Wir stellen einen Weihnachtsbaum auf. Ich möchte den Phallus nicht für alle möglichen Sachen heranziehen, aber gut … Mir fällt auf, dass jedes religiöse Fest immer auch Kommerz ist. Das Dreieck aus Valentinstag / dem Fest mit dem Mast / Weihnachten?

Das Konzept von Geschenken ist auch interessant: Zunächst sind es die Könige, die sie dem Messias bringen. Einen Weihnachtsbaum aus einem mit Fleischriemen umhüllten Mast machen, an dessen Fuß die Teilnehmer ein Geschenk ablegen können, das sie zu Königen – oder Königinnen – macht, wenn sie es schaffen, ihn zu erklimmen.

Ich habe vergessen, ihm sein Geschenk zu geben. In der Bibliothek der bildenden Künste überprüfen, ob es Konzeptkünstler gibt, die sich bereits dem Thema Weihnachten gewidmet haben.

# 11

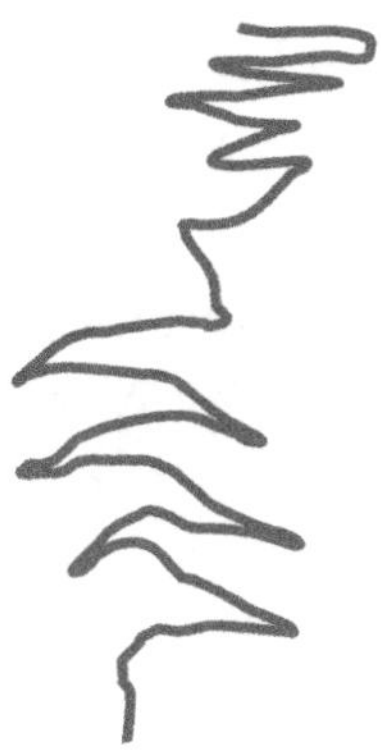

Scheiße, was ist das? Dopingkontrolle, mitten in der Nacht. Bei der Tour de Suisse sind sie auch einfach so in Chiappuccis Zimmer aufgetaucht. Mitten in der Nacht! Mir egal, sie werden nichts finden. Wer ist da?

„Ich bin's, Herr Pantani. Sie haben mein Trikot vergessen."

„Sie sind doch bescheuert! Ich bin gerade eingeschlafen, da klopfen Sie an meine Tür! Die Liebe meines Lebens ruft an, während ich Ihnen gegenübersitze, und Sie legen einfach auf! Wer sind Sie, der Teufel? Was genau wollen Sie? Wollen Sie, dass ich Ihnen die Fresse poliere?"

BUMM, BUMM.

„Hört ihr jetzt endlich auf mit dem Scheiß, verdammt!"

Langsam geht mir Traversoni auf den Sack.

„Kommen Sie rein, ich gebe Ihnen das Trikot. Aber danach will ich Sie nie wiedersehen, kommen Sie mir bloß nicht zu nahe!"

„Tut mir leid. Ich dachte, Sie essen Ihren Kebab."

„Stimmt, entschuldigen Sie, ich habe es Ihnen versprochen. Warten Sie, ich werde es für Sie signieren. Wenn ich dann noch schlafen kann und alles gut geht, wird es schon morgen an Wert gewonnen haben. Dem Trikot geht es morgen genauso wie mir – auch ich werde meinen Marktwert steigern. Wenn ich gut fahre, erhöht sich mein Wert, verstehst du? Bin ich dann mehr wert? Hast du eine Vorstellung davon, was es heißt, in einem Körper zu leben, der an Wert gewinnen oder verlieren kann? Siehst du, es ist fest in meinem Kopf verankert: Wenn ich dieses Trikot verliere, verliere ich alles. Du lebst im Körper des Rezeptionisten, da gibt es keine Missverständnisse. Wenn du dich im Spiegel siehst, ist für dich alles ganz normal, du bist eben der Typ von der Rezeption. Wenn ich mein Spiegelbild sehe, denke ich dann, das ist der Typ von der Rezeption? Nein, verdammt, es ist Marco Pantani, der an Wert gewinnt, was zum Teufel macht er in dem Körper des Rezeptionisten? Und was passiert ihm in diesem Körper? Er verliebt sich in die schönste, poetischste Frau der Welt. In die einzige, die überhaupt verstehen kann, was ich dir gerade versuche zu sagen, und die mich trotzdem liebt. Hätte ich eine Frau kennengelernt, die viel zu hübsch und intelligent für mich ist, wäre das auch okay, denn schließlich bin ich ein Radsportstar. Doch dann treffe ich eine, die auch die Wahrheit in sich trägt, die Wahrheit des Lebens und meine eigene Wahrheit, die Poesie, die alles auf den Kopf stellt, die mich satellitengleich in eine andere Umlaufbahn schießt. *Che confusione.* Warum passiert dieser ganze Mist ausgerechnet mir? All das Glück, viel zu groß, das mir auf die Schuhe fällt. Ich wäre gern du, würde nach der Arbeit eine *Piadina* bei meiner Mutter essen gehen, die ich immer noch liebe, würde mein Rad auseinander- und dann wieder zusammenbauen, würde in das Regal, das seit gefühlt tausend Jahren schief steht, eine Schraube hineindrehen und es so wieder geraderücken. Ich möchte gern du sein. Du bist meine Kurve 11. In Kurve 11 werde ich so groß wie mein Leben – oder mein Leben wird wieder so groß wie ich."

„Herr Pantani, hat Ihnen der Kebab geschmeckt?"

„Was? Ja, ja, natürlich, danke. Willst du bei mir übernachten?"

„Ich kann nicht bleiben, Herr Pantani, ich muss zurück an meinen Arbeitsplatz."

„Bleib trotzdem noch ein bisschen. Komm, wir spielen eine Runde *Scopa,* oder wir schauen fern, und du übersetzt mir, was gerade passiert. Oder du erzählst mir einfach von dir. Komm, erzähl mir etwas aus deinem Leben."

„Nein, nein, das ist nicht interessant."

„Doch, doch, entspann dich, ich erzähle dir viele Dinge über mich."

„Gut… Zunächst habe ich in der Gastronomie gearbeitet. Der Betrieb ging pleite und ich wurde entlassen… Nein, ich kann Ihnen das nicht erzählen, das ist doch Quatsch."

„Aber ja doch, erzähl mir mehr aus deinem Leben, und du wirst sehen, warum es wundervoll ist. Erzähl mir von der Liebe, erzähl mir von deiner Frau."

„Ich lebe mit einem Mann zusammen."

„Erzähl mir von ihm, erzähl mir von deiner Liebe, bis sie dir als etwas Außergewöhnliches erscheint."

„Wissen Sie, ich liebe ihn, es fühlt sich wie etwas sehr Kostbares an."

„Ha, du hast das Wort gesagt, es ist kostbar. Wir müssen uns auf den Diamanten inmitten unseres Lebens fokussieren, der alles hell erleuchtet. Für mich ist das schwieriger. Da so viele Scheinwerfer um mich herum sind, fällt es mir manchmal schwer, ihn glänzen zu sehen. Ich will nicht wie Charly werden. Der Tod hat Charly überwuchert. Ihm ist es nicht gelungen, sich von der Liebe retten zu lassen. Wir sind wie hilflose Kinder. Wir spielen uns wie wild vor den Frauen – pardon, vor der Liebe – auf, während wir dabei sind, zu ertrinken. Man weiß ja, dass die meisten Menschen deshalb ertrinken, weil sie in den Armen ihrer Retter Panik bekommen und wild um sich schlagen. Sie können nicht anders. Erzähl mir noch mehr. Verrate mir, wie er dich gerettet hat."

„Herr Pantani, ich musste nicht gerettet werden, ich bin ein ganz normaler Mensch."

„Siehst du, er hat dich gerettet. Du kannst mir völlig ungeniert ins Gesicht sagen: ‚Ich bin ein ganz normaler Mensch.' Ich hingegen kann nicht von mir behaupten, normal oder gewöhnlich zu sein – zu viel Stolz, zu viel von, ich weiß nicht, *confusione?* Es muss so sein, weil ich dich liebe. All das, was mich erwartet, ist beängstigend. Der Ruhm, es gibt nichts Beängstigenderes als Ruhm. Es müsste alles aufhören, wenn ich den Gipfel erreiche, klick, Standbild bis zum nächsten Anstieg, eine Fernsteuerung, damit ich nach der Ziellinie aus den Köpfen der Leute verschwinde. Mein Vater hat ein T-Shirt mit der Aufschrift MARCO PANTANI, ist das nicht absurd? Der Ruhm kann besonders grausam sein, dich in die Knie zwingen, weil er dir bewusst macht, dass du auch mit dem Niedergang umgehen musst. Sonst wäre es ja zu leicht, man müsste sich nur daran gewöhnen. Aber nein, wenn du dich endlich an den Ruhm gewöhnt hast, lässt dir die Angst vor dem Fall keine Ruhe mehr. Mein Freund Charly sagt, dass es seine Zeit dauert. Er hat erkannt, was los ist, hat mich kartografiert, gescannt, er weiß sogar Dinge über mich, die ich nicht weiß, und er hat mir gesagt, dass es seine Zeit dauert."

„Ich muss zurück an die Rezeption, Herr Pantani, und anschließend werde ich vor ihrer Tür noch ein bisschen sauber machen, da liegt wirklich viel Soße."

„Lass, lass, ich mach schon, ich danke dir für alles. Das reinste Chaos, innen wie außen. Kennst du Ricchi e Poveri? *Che confusione?* Los, lass uns zusammen singen, *Sarà perché ti amo* ... Du kennst es, genial!"

*E un emozione, che cresce piano piano*
*Stringimi forte e stammi più vicino*
*Se ci sto bene sarà perché ti amo*

BUMM, BUMM!

„Hé, verdammt, Pavarotti. Schluss damit, sonst ruf ich die Bullen!"

„Lass gut sein, ist ein Typ aus meinem Team, er ist gestern 169. geworden. Du sprichst Italienisch, du kennst den Namen der Gruppe, Ricchi e Poveri, die Reichen und Armen. Sie wissen, dass die Leute ihr Leben in dieses Lied hineinprojizieren, also bringen sie das Lied ins Leben der Leute. Die Reichen und Armen, sie haben an alles gedacht. Wenn du dich eines Abends hinter deinem Tresen zu Tode langweilst, dann hör genau auf den Liedtext. Es ist eine Enzyklopädie des Lebens, ein Handbuch für die leidenschaftliche Liebe."

„Ich geh zurück an meinen Arbeitsplatz, danke für das Trikot. Und ich werde die Reste von dem Kebab aufsammeln. Ich wünsche Ihnen eine gute Nacht, Herr Pantani.“

## *14. JANUAR 1997

Ich dumme Kuh. Ich habe Marco doch schon in Interviews gesehen, seine Antworten sind unwahrscheinlich schlecht. Wie so viele Sportler beginnt er die Hälfte seiner Sätze mit „Ich glaube, dass …“ oder „Ich denke, …“ Seine Sprache ist derart banal und sein Charisma so nichtssagend, dass man sich schon langweilt, bevor man erfährt, was er glaubt oder denkt. Er spult in monotonem Tonfall und mit abwesendem Blick einen Haufen Nonsens ab, so aufregend wie kalter Kaffee. Mein eigener Stolz ließ mich glauben, dass ich an seiner Stelle diesen Moment der Exposition nutzen würde, um etwas Originelles vorzulegen, zumindest etwas, das ein bisschen unterhaltsam ist. Man hat uns gefragt, ob wir zu einem gemeinsamen Interview in Cesenatico bereit wären. Es ging darum, den Champion an den Orten zu zeigen, die ihm vertraut sind, mit ihm vertrauten Menschen. Ich habe eingewilligt und fühlte mich sogar ziemlich geschmeichelt, dass er sich mit mir zeigen wollte. Als Interviewort hat er sich den Strand ausgesucht. Während er einen Teil der Fragen allein beantwortete, filmte mich ein anderer Kameramann dabei, wie ich durch den

Sand schlenderte. Um ein wenig selbstsicherer zu wirken, habe ich Federn aufgelesen und kunstvoll zu einem Fächer gebunden. Doch dieses Bedürfnis, künstlerisch zu wirken, war ziemlicher Quatsch, unerträglich! Danach standen weitere Fragen an, die wir gemeinsam beantwortet haben. Vor lauter Nervosität hatte ich zittrige Knie, brachte nur einen Haufen Stuss über meine Lippen und habe krampfhaft dabei gelacht. Wo haben Sie sich kennengelernt? In einer Diskothek, hahaha. Blöde Kuh. Debiles Kind. Und ich dumme Ziege dachte, dass ich mich so viel besser als Marco schlagen würde? Ich Schlaumeierin glaubte, ich könne mein Bild manipulieren, um daraus ein Kunstwerk zu machen? Ich Idiotin meinte, mein Leben zu inszenieren? Nun, meine Liebe, da wartet noch jede Menge Arbeit auf mich.

Erkenntnis: Das Projekt „narrative Kunst“ wird endgültig beerdigt.

# 10

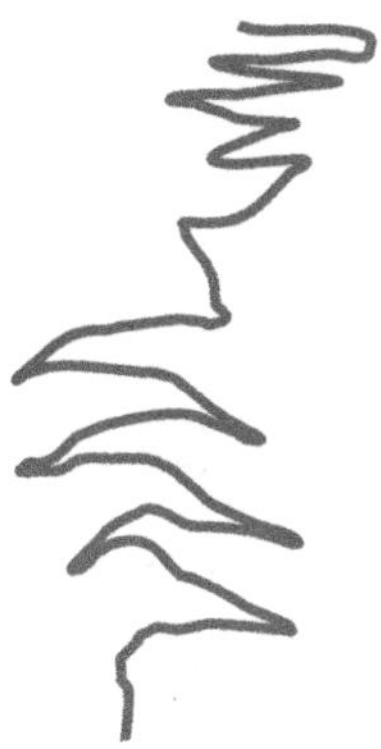

M*erkur, Gott der Diebe*
*Bote, Reisender, Liebe*
*Gott mit geflügelten Sandalen*

Die Idee mit dem Gott ist ein bisschen verwegen. Man wird mich des Größenwahns bezichtigen. Nichtsdestoweniger habe ich in den Anstiegen immer wieder an die Gottheit mit ihren kleinen Flügeln an den Füßen gedacht. Aufgefallen war mir Merkur auch im Logo einer gleichnamigen Versicherung. Die kleinen Flügel, immer höher und höher hinaus, die zweite Luft. Der Gott der Diebe – das gefällt mir. Kletterer waren schon immer Diebe. Unsere Beute ist die Flucht. Wenn ich jetzt damit beginne, das Lied zu schreiben, wird mich das beruhigen, und ich werde das Gefühl haben, meiner Nacht wieder eine positive Wendung zu geben. Wenn ich es vor den Weltmeisterschaften fertigstellen kann, könnte ich es noch in diesem Winter aufnehmen. Ich werde die Idee mit Merkur beibehalten.

*Merkur, Gott der Diebe*
*Bote, Reisender, Liebe*
*Gott mit geflügelten Sandalen*
*Erhaben, mein Tempel, die Qualen*

Da wechsle ich in die erste Person, verwische die Spuren. Man weiß nicht, ob ich der Gott bin oder ob ich ein Jünger bin, der klettert, um seinem Gott im Tempel zu huldigen. Es ist gut, wenn die Bedeutung nicht zu offen zutage tritt. So können sich die Leute Lieder auf ihre Weise aneignen, ihnen Raum für sich und ihre Geschichte geben. Morgen werde ich Christina anrufen und es ihr vorlesen. Ich will unbedingt wissen, was sie davon hält.

*Oh, ein Gott bin ich nicht*
*Nur ein Liebender im Licht*

Kompletter Bruch, ich sorge für klare Verhältnisse. Bevor ich mich wieder schlafen lege, schreibe ich noch die beiden Zeilen, um die Strophe zu vollenden. Es ist eine Ewigkeit her, seit ich das letzte Mal mit Christina im Bett war. Sie fehlt mir unwahrscheinlich, deswegen kann ich nicht einschlafen. Wie machen das andere? Entweder sind sie nicht richtig verliebt oder sie sind ultrastark. Ich kann nicht sagen, dass das Erhabene stets von Schmerz begleitet wird, etwas in mir rebelliert, schreit, lehnt sich auf, schlägt aus, lehnt diese Vorstellung mit aller Vehemenz ab. Wann finden wir Frieden, wenn wir nicht lieben? Wenn wir nichts erleben? *Che confusione.* Dieser Enzo Ghinazzi ist wirklich stark. Wenn ich mich jeden Abend nach den Etappen hinsetze und daran arbeite, werde ich einen guten Text zusammenschreiben … Wo war ich stehen geblieben? Nur ein Liebender im Licht … Hier muss ich den Reim wieder anpassen, damit es harmonisch bleibt. Ich könnte den Satz von Charly einsetzen.

*Wie ein Pirat sich erhebt*
*Die antiken Tempel begeht*
*Hoch auf den Pässen steht*
*Wo es um Furcht und Respekt geht*

Nicht schlecht, es greift die Idee der Götter auf, und ich führe unauffällig die Figur des Piraten ein. So unauffällig, dass sie das Kapitol in Brand setzen könnte. Aber Charlys Satz ist ein bisschen daneben. Okay, wie sieht das Ganze aus?

*Merkur, Gott der Diebe*
*Bote, Reisender, Liebe*
*Gott mit geflügelten Sandalen*
*Erhaben, mein Tempel, die Qualen*
*Oh, ein Gott bin ich nicht*
*Nur ein Liebender im Licht*
*Wie ein Pirat sich erhebt*
*Die antiken Tempel begeht*

Die letzte Zeile klingt nicht berauschend, da muss sich etwas Besseres finden lassen. Die Idee, sich über die alte Welt wie ein Pirat zu erheben, ist zwar gut, aber es ist auch etwas schwerfällig. Ich glaube, das Wort „Tempel“ passt nicht so richtig. Ich werde mich damit beschäftigen, wenn ich wieder einen klaren Kopf habe. Ich bin am Ende meiner Strophe angelangt, jetzt werde ich ganz beruhigt schlafen können. Meine Strophe wird mich durch Kurve 10 tragen. Ob Strophe oder Kehre – es ist genau das Gleiche: Du meisterst sie oder nicht, du schreibst sie oder nicht. In der Karriere eines Radsportlers macht eine zusätzliche Kurve im Grunde nicht den geringsten Unterschied, und doch bedeutet sie alles; bewältigt man sie nicht, wird man nie erfahren, was danach kommt. Dadurch ändert sich alles Weitere. Ein Wort auf einem Blatt Papier ist auch nichts. Aber ist es nicht geschrieben, ist die

Geschichte dahinter nicht existent. Ich habe mehr als die Hälfte des Anstiegs hinter mir, ich bin müde, der Pirat wird sich hinlegen.

## *2. FEBRUAR 1997

Wie geht es dir, Marco? Wann kommst du zurück, Marco? Halt die Ohren steif, Marco! Wir warten auf dich, Marco! Was macht das Bein, Marco? Es ist echt ein Erlebnis, zusammen mit Marco Pantani durch die Straßen von Cesenatico zu schlendern. Ich war im Übrigen überrascht, dass er den Vorschlag gemacht hat, eine Runde spazieren zu gehen. Normalerweise vermeidet er es, alle Welt spricht ihn an, alle Welt duzt ihn, er gehört Gott und der Welt. Er hat Glück, er ist ein Star, er hat Geld, und er geht mit einer hübschen Blondine. Cesenatico im Winter ist wie *Der Tod in Venedig,* nur ohne Venedig. Vor Beginn der kalten Jahreszeit schieben die Bulldozer den Sand vor sich her und türmen ihn an der Wasserkante auf. Ich glaube, dadurch soll der Strand vor Erosion geschützt werden. In Cesenatico sperrt man das Meer im Winter also weg, man bildet mit dem Sand des Strandes eine Schallschutzwand und möchte nichts mehr davon hören. In der Altstadt gibt es mit Eis gefüllte Gruben, in die sie die im Sommer gefangenen Fische hineintun, damit sie im Winter nicht aufs Meer hinausfahren müssen. Hier sperrt man das Meer im Winter also schon seit langer Zeit weg. Wir sind zu einem Sandwichladen gelaufen, einer *Piadineria,* um genau zu sein, und ich ahnte bereits, dass es der Laden seiner Mutter war. Tonina und ich lernen uns langsam kennen. Kennenlernen ist ein großes Wort, denn jede von uns hat in der jeweils anderen das gesehen, was sie sehen wollte. In mir sah sie zunächst die Fremde – ich habe mich nie so fremd gefühlt wie bei Tonina. Eine vollkommen Fremde, die den Sohn wie eine Hühnerdiebin stiehlt. Danach sah sie in mir eine potenzielle Mutter, die ihrem Sohn einen Sohn schenken könnte. Anschließend sah sie in mir eine Blondine aus der Disko, die nicht mal Penne all'Arrabbiata kochen kann. Sie war so freundlich, so gut sie eben konnte.

Ich für meinen Teil sah in ihr eine frustrierte Frau, die vom Patriarchat völlig entfremdet wurde und ihre kleinen Rückzugsorte hatte, zum Beispiel ihr Haus, ihre Sandwiches und Marco. Was passiert nur mit den italienischen Müttern und ihren Söhnen? Ich liebe Marcos schüchternes Unbehagen und seine grundlose Zurückhaltung im Allgemeinen sehr. Aber es ist äußerst unangenehm zu sehen, wie sich die psychologisch-familiären Bindungen abzeichnen und sich dieses Phänomen entwickelt, vor allem, wenn diese Bindungen derart vorhersehbar sind.

Das Meer war ausgesperrt, wir gingen in Toninas Laden, und Marco hat es geschafft, dass ich mich zusammen mit seiner Mutter auf der anderen Seite des Tresens wiederfand. Er bestand darauf, dass ich ihr helfe. Ich habe überhaupt nicht verstanden, was er damit bezwecken wollte. Wie zu erwarten, war es eine furchtbare Erfahrung. Ich war eine Maus in den Fängen einer Katze, ein trotteliges Spielzeug, die fremde Nicht-Mutter, die Nichtsnutzige. Das Dreieck aus Essen/Sex/Mutterschaft war deutlich zu sehen.

Erkenntnis: die Problematik des Essens in meine Überlegungen mit aufnehmen. Die wahre Frau weiß, wie man das wahre Essen zubereitet – das Essen der Könige wird von Männern zubereitet. Die dunkle Kost, die Kinder groß und Hände rissig werden lässt, die man nie feiert, wird von den Frauen zubereitet. Die Vagina-Suppe. Mit Karotten, Zucchini, Lauch und all dem Schwanzgemüse. Das Gemüse ist das diabolische Instrument der Natur, um die Frau zu ficken.

Zu berücksichtigen ist auch folgende Frage: Welche Position nimmt der Künstler ein, welche Macht gibt er sich selbst? Tonina, ausgestattet mit aller Macht an ihrem Rückzugsort, hat mich in eine Extremsituation gebracht. Der Künstler kann diese Position einnehmen. Kaum erforscht, außer in sadomasochistischen Performances.

Demzufolge auch die von Essen ausgehenden Beziehungen in der Sadomaso-Welt ergründen.

Mich rührte Marcos Kummer beim Herausgehen zutiefst. Da standen zwei Frauen hinter einem Tresen, und er war nicht existent.

# 9

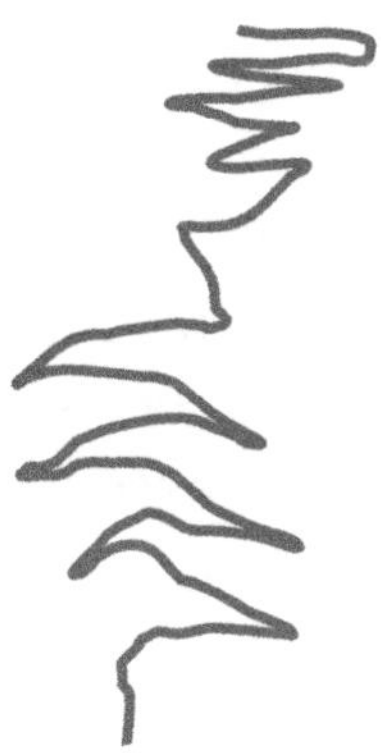

Mein Körper liegt wohl behütet auf der Unterlage auf. Ich genieße diesen Augenblick, in dem er vollkommen loslassen kann. Ich entspanne noch ein wenig mehr und spüre, wie er schwerer wird und in die Unterlage, die ihn trägt, einsinkt, während die übermäßige Anspannung nachlässt. Der Pirat wird bald schlafen. Ich sehe mehr und mehr Spruchbänder mit „Il Pirata“ am Straßenrand, die Fans haben es schnell kapiert. Schon komisch: Man muss nur etwas andeuten, vielleicht sogar nur daran denken oder sich etwas ganz sehr wünschen, und schon passiert es. Weder kann ich mich daran erinnern, gegenüber den Medien geäußert zu haben, dass ich fortan Il Pirata bin, noch habe ich Autogrammkarten mit Il Pirata signiert. Es geschah fast automatisch, wie durch Osmose. Elefantino sagte ihnen offensichtlich auch nicht zu. Ich lasse die Welle der Entspannung meinen ganzen Körper erfassen. Im Gegensatz zu Elefantino hat Il Pirata keine Schlafprobleme. Er kapert das Peloton, flitzt mit seiner Beute die Berge hinauf und schläft traumlos in seinem Versteck. Ich könnte mir eine Augenklappe tätowieren lassen. Ich bin sicher, Christina würde das sehr gefallen. Sie sagte mir eines Tages, dass wir beide aus unserer Liebe geboren werden müssen. Immer ist sie diejenige, die meine Gedanken treffend formuliert. Ich würde viel leichter einschlafen, wenn ich mich vor meinem geistigen Auge als Pirat sehen würde. Ich richte meinen Fokus wieder auf das Gesicht, die Stirn entspannt sich wie ein friedlicher, ruhiger, flacher See. Kurve 9, ich bin nur noch der Freibeuter. Die Unterlage, die den immer schwerer werdenden Körper des Piraten trägt, ist eine Felsplatte inmitten seiner Höhle. Ich bin in vollkommener Sicherheit, diese Unterlage für meinen Körper, diese Platte, isoliert mich vor all den Parasiten und verleiht mir eine tellurische Ruhe. Mein Körper auf dieser Platte ist wie ein Akku, der sich wieder auflädt, er schläft. Es war eine gute Idee, diese Zeilen zu schreiben, ich fühle mich viel besser.

## *8. FEBRUAR 1997

Große Diskussion mit Marco. Er war überrascht, dass er mich nie hat malen sehen. Ich habe ihm erklärt, dass ein bildender Künstler heutzutage nicht unbedingt malen muss. Ich habe dann ein Beispiel von ein, zwei Biotech-Künstlern herangezogen. Sie verstehen ihre Körper als Leinwand und schaffen ihre Kunst durch plastische Chirurgie mit den unterschiedlichsten Implantaten. Er war sofort interessiert und sagte mir, dass er die ganze Zeit davon träumte, diesen Kopf loszuwerden, den er sich nicht ausgesucht hatte. Er erzählte mir von seinem Gefühl, dass er sich nie etwas selbst aussuchen konnte, dass er wie ein Schnabeltier – so seine Worte – sei, ein Kompositum verschiedener Körperteile, die nichts miteinander zu tun haben. Dass ihn der Gedanke, das Ganze ein wenig zu optimieren, überhaupt nicht störte. Ich habe das Gespräch übernommen, weil er immer ein paar Schwierigkeiten hat, seine Gedanken in Worte zu fassen. Aber wir waren uns einig, dass dies etwas sei, das wir gemeinsam angehen könnten, dass wir beide in den Augen des jeweils anderen geboren werden müssen. Er sagte mir, dass es genau darum ginge, und er zitierte einen Liedtext, der für ihn die ganze Sache perfekt illustrierte. Ich habe mir das Lied nicht gemerkt.

Erkenntnis: Ich werde ihm eine erste kreative Etappe in Form eines Spiels vorschlagen. Wir erstellen eine Liste mit Aspekten seines Äußeren, die ihm nicht gefallen. Dann schauen wir, was davon zutrifft und wie er es lieber hätte. Wir haben uns selten so gut verstanden.

# 8

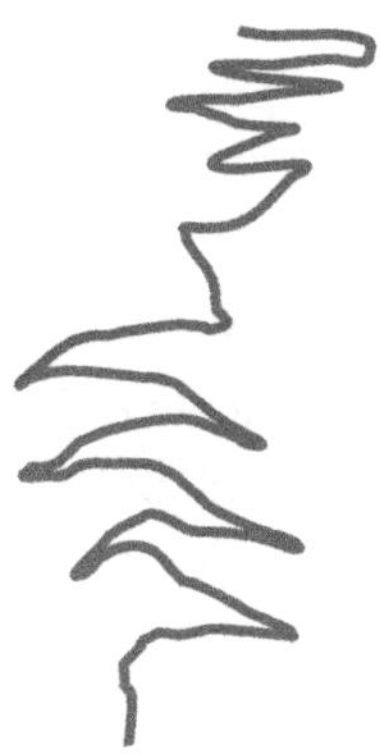

Die Entspannung auf meiner Stirn erstreckt sich bis zu den Schläfen. Rechtskurve, der Himmel färbt sich dunkelblau, zwei Strommasten vereinen sich wie zu einem Galgen. Die Muskeln um meine Augen herum entspannen sich. Nach Kurve 8 folgt eine 500 Meter lange Gerade mit 9 Prozent Steigung und etwas Schatten auf der rechten Straßenseite. Es ist hart, und mit zunehmender Höhe scheint die Entfernung zwischen zwei Kurven immer größer zu werden. Bei Kurve 8 kommen wir an einem wunderschönen kleinen Friedhof vorbei. Es ist eine dieser Ruhestätten, die einen darüber nachdenken lassen, sterben zu wollen. Im August 1992 habe ich den Giro d'Italia Dilettanti oder auch „Baby Giro“ gewonnen und meinen ersten Profivertrag bei Carrera unterschrieben, Fabio gewann die Goldmedaille bei den Olympischen Spielen. Wir beide sind im August 1992 groß geworden. Im Finale des Olympischen Straßenrennens fuhr er wie ein Bahnradfahrer: erst Tempo rausnehmen, um an zweiter Position zu bleiben, und dann 100 Meter vor dem Ziel lossprinten. So sicherte er Italien die Medaille – er hatte seine Sternstunde. Wir waren beide einundzwanzig Jahre alt und sind erwachsen geworden.

Die Entspannung breitet sich auf meine Wangen aus, mein Mund entkrampft sich.

Im Jahr 1995 gewann ich am 12. Juli hier in Alpe d'Huez. Am 18. Juli ist er schwer gestürzt und verstorben. Keine schwarze Katze, kein Geländewagen. Er ist gestürzt und gestorben, und wenn ich morgen an dem Friedhof vorbeikomme, werde ich an Fabio Casartelli denken und traurig sein, weil er die Leichtigkeit im Leben viel besser zu nehmen wusste als ich. Ich jammere darüber, nichts zu erreichen, deprimiert zu sein, mich selbst nicht zu lieben – und er? Er ist tot. Vielleicht hat er mit seiner Frau die Liebe erlebt, die wahre Liebe. Vielleicht waren sie glücklich und fanden es wunderbar, größer noch als das Leben und größer noch als sie selbst, und nun ist er tot.

Zwei Monate später krachte ich mit achtzig Sachen in einen Geländewagen, und anstatt zu sterben, fand ich die Liebe. Wenigstens war sein Sohn noch viel zu klein, um ihn zu kennen, und außerdem sind Väter ätzend.

Allein beim Gedanken daran, morgen meinen Vater zu sehen, wie er mich völlig fanatisch hinter der Ziellinie umarmt und küsst, da wird mir kotzübel. Fabio, dieser Friedhof und ich sind für immer miteinander verbunden. *Il mondo è matto perché.* Das Nichts hinter dem Warum sind auch der verstorbene Fabio Casartelli, dieser kleine Friedhof in den Bergen und ich, wie ich auf diesem 9-prozentigen Anstieg mit schmerzenden Beinen die Straße hinauffahre. Das alles hat keinen Sinn, also treten wir in die Pedale und lockern den Unterkiefer. Ich werde immer entspannter. Ich habe alle anderen schon lange abgehängt, ich erinnere mich schon gar nicht mehr daran, dass es noch andere Radrennfahrer gibt. Zwar kannte ich Fabio Casartelli nicht so gut, aber ich möchte daran glauben, dass er die Liebe gefunden hat. Ich werde nichts anderes glauben. Was ich an Christina so mag, ist, dass sie nie Frau Pantani werden will. Und gleichzeitig hasse ich sie dafür.

## *11. FEBRUAR 1997

Wir haben die erste Phase unseres kreativen Spiels gestartet: auflisten, welche Dinge seines Äußeren Marco gern verschwinden lassen würde.

- Die Kahlköpfigkeit. Die Option einer Haartransplantation wurde schnell ad acta gelegt. Er sagte, dass er bereits berühmt sei und dass es der Öffentlichkeit komisch vorkommen würde, wenn er mit Haaren zurückkäme. Dadurch erinnerte ich mich an die Perücke, aber ich habe sie ihm erneut nicht gegeben. Im Grunde genommen heißt das, dass er nicht besonders scharf auf biotechnologische Transformationen ist. Schade. Wir haben zwei Möglichkeiten ausgemacht:

    1. Konsequente tägliche Rasur, so wird das Problem durch einen Kahlschlag gelöst. Marco erläuterte mir seine Theorie über den Unterschied zwischen Kahlköpfigkeit und einem kahlen Schädel, wo das eine aufhört und das andere beginnt und so weiter. Permanente Haarentfernung in Betracht gezogen.

    2. Ich band ihm einen meiner langen Schals um den Kopf, das Ergebnis ist höchst ungewöhnlich, aber es hat ihm sehr gut gefallen. Er führte das Argument an, dass es eine gute Idee sei, die Ohren mit dem Bandana anzulegen, da man es mit einer Radkäppi nicht könne.

- Die Ohren. Er mag weder ihre Form noch ihre Position. Er macht sie für den Spitznamen Elefantino verantwortlich, das widert ihn an. Um etwas nachzubohren, fragte ich ihn, ob er mit der Zerbrechlichkeit der Figur Dumbo nicht zurechtkomme, und es stellte sich heraus, dass es mehr mit seiner Mutter zu tun hat. Er findet das Lied aus dem Zeichentrickfilm unerträglich: *Liebes Kind, weine nicht, wenn das Herz mir auch bricht.* Er kann es nicht ausstehen. Er ist nicht gänzlich gegen Schönheitschirurgie, aber er sagt, dass er in diesem Jahr schon genug Zeit im Krankenhaus verbracht hat. Kommt Zeit, kommt Rat. Vielleicht ist es eine gute Gelegenheit, ihnen eine lustige Form zu geben, die Elefantino entgegensteht. Wir werden sehen. Für den Moment bleiben wir bei der oben erwähnten Lösung.
- Sein Gesichtsausdruck allgemein. Er findet sich selbst zwar nicht schön, aber auch nicht hässlich. Sein Problem besteht nach eigener Auskunft darin, dass von seinem Äußeren eine leicht trottelige Treuherzigkeit ausgeht, und er albert herum, dass er selbst mit Glatze noch wie ein Kind aussieht. Ich schlug daraufhin vor, dass er sich einen Bart stehen lässt.

# 7

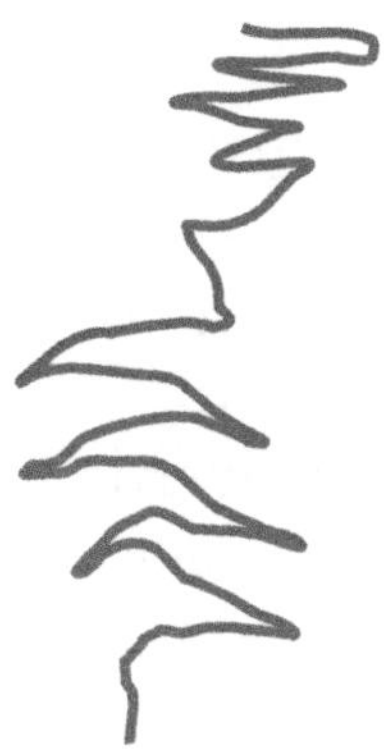

Meine Haare wachsen wieder nach und bleiben an der Bettwäsche hängen. Ich darf morgen auf keinen Fall vergessen, mir den Kopf zu rasieren. Keine Haare bedeuten mehr Haarpflege. In Kurve 7 sieht man zum ersten Mal die Skistation, und der Himmel übernimmt das Regiment. Das Gleiche gilt für mich. Nach Kurve 7 geht es langsam in Richtung Gipfel, da bin ich zu Hause, in den richtig steilen Passagen bin ich schneller als die anderen. Punkt. Alles, was mir passiert, kommt von da. Ich bin allein und ich weiß, dass mich niemand mehr einholen wird. Ich kann mir sogar einen Sturz erlauben und werde trotzdem gewinnen. Schickt mir alle schwarzen oder weißen Katzen der Gegend vorbei, kein Problem! Wegen mir auch einen falsch fahrenden Geländewagen. Und wenn ich zu Fuß ins Ziel laufe – ich werde trotzdem gewinnen. Der Sieg ist unausweichlich, wie der Schlaf, der mich bald überwältigen wird. Das passiert zwangsläufig, wenn die Straße bergauf führt. Ich werde keinen Schmerz mehr spüren, alles andere wird keine Bedeutung mehr haben. Selbst Il Pirata existiert nicht mehr. Alles, was zwischen Kurve 7 und dem Ziel passiert, gehört mir. Mir ganz allein.

Es ist mein Job, ich werde in den Bergen ein Feuerwerk abbrennen. Viele Leute kommen nur, um mich zu sehen, sie sind ganz verrückt danach. Ich bin im selben Metier wie Christina – ich animiere die Leute! Nach Kurve 7 hole ich mir noch einmal Gewissheit, ich werde Frieden finden, und ich werde sogar vergessen, dass ich ein Rennen bestreite. Und dann komme ich wieder zu mir, zur Etappe, schalte in einen kleineren Gang, gehe aus dem Sattel und lege völlig mühelos einen phänomenalen Antritt hin, der einzig und allein mir gehört. Die Steigung mit weniger als 8 Prozent kommt mir vor wie ein Flachstück, ich bin schnell. Bis hoch zum Gipfel macht man – wie in dem Lied – nichts weiter, als die vorherigen Strophen zu wiederholen. Die Welt dreht durch, weil ich am Berg schneller als die anderen in die Pedale trete. Die Welt dreht durch, außer Christina, der es schnurzegal ist, ob ich gewinne oder verliere. Ihr ist das völlig schnuppe. Sie ist eine Künstlerin, sportliche Leistungen interessieren sie nicht. Der außergewöhnliche Umstand, der die Figur eines Radrennfahrers in ihr Leben gebracht hat, macht sie wunschlos glücklich. In Kurve 7 gibt es nur noch sie und mich, wir haben alle angelockt, und wir sind allein.

Die Welt dreht durch, weil Christina tanzt. Ob sie je eifersüchtig wird, wenn sie die Menschenmenge sieht, die ich an die steilsten Anstiege locke, eben meine Tanzfläche, um mir zuzujubeln? Ich werde sie nicht anrufen. Wenn ich es tue, dann nur, um zu sehen, ob sie zu Hause ist, so viel ist sicher. Die Entspannung breitet sich bis zu meinem Kinn hinunter aus. Ich spüre, wie sich mein ganzes Gesicht entspannt. Dieser Zustand tiefer Entspannung zieht sich bis in meinen Nacken. Wenn sie mein Geld annehmen würde, um auf die Kunstschule zu gehen, würde das vieles leichter machen. Ich verstehe, dass sie ihre Unabhängigkeit so vehement verteidigt, aber es ist anstrengend. Wir ziehen ein verrücktes Publikum an, mein Schlaf gehört bis zum Ziel mir, nichts anderes ist wichtig.

## *13. FEBRUAR 1997

Das Konzept zeichnet sich immer klarer ab und gewinnt an Substanz. Ich habe die Idee mit der Digitalkamera wieder aufgegriffen und sie auf ein Stativ vor eine Wand gestellt, auf die ich ein Oval gezeichnet habe. Es dient dazu, Marcos Kopf richtig zu positionieren. Wir machen ab heute jeden Tag zwei Aufnahmen, um die verschiedenen Stufen der Transformation festzuhalten. Die erste Radsportveranstaltung, bei der es für ihn zählt, beginnt am 17. Juni. Damit haben wir fünf Monate Zeit, also rund einhundertfünfzig Tage. Bei zwölf Bildern pro Sekunde und zwei Aufnahmen pro Tag macht das fünfundzwanzig Sekunden Film. Also wird es, was auch passieren mag, eine Sequenz von rund 30 Sekunden vor der Tour de Suisse geben. Wir haben es noch mal mit dem Bandana probiert. Marco schaute sich an, riss den Stützstab aus meinem Ficus heraus und sprang säbelschwingend über Stühle und Tische.

*Wer lügt, der ist auch ein Dieb*
*Bei uns geht das nur mit Hau-Ruck*
*Wir plündern ein Schiff auf einen Griff*
*Wir dienen dem Captain Hook*
*Ich mache euch ein Angebot*
*Was sagt ihr denn dazu?*
*Wer sich jetzt von mir heuern lässt*
*Wird tätowiert im Nu*
*Das ist nun mal so Seemannsart*

*Kommt mit, wir geh'n auf große Fahrt*
*Wenn ihr nicht wollt, dann ists vorbei*
*Die Wahl, sie steht Euch frei*
*Die Wahl, sie steht Euch frei*

Ich hatte Angst um sein Bein, das ja noch immer nicht genesen war. Aber er sang und sprang mit so viel Freude umher und verfluchte das Dumbo-Lied mit so viel Energie, dass wir die Figur des Piraten beibehielten. Um das Stereotyp noch weiter zu verfeinern und dafür zu sorgen, dass er die Komplexe hinsichtlich seiner Ohren abstreift, haben wir beschlossen, gemeinsam einen Ohrring zu kaufen. Vor der Wand haben wir einen verstellbaren Hocker platziert, damit Marcos Kopf perfekt in das Oval passte, wie bei einem Fotoautomaten. Mit den ersten Aufnahmen warten wir noch, bis sein Bart lang genug ist. Der Ohrring passt super. Der Haarkranz am Kopf wächst ebenfalls, die Rasur verspricht spektakulär zu werden.

# 6

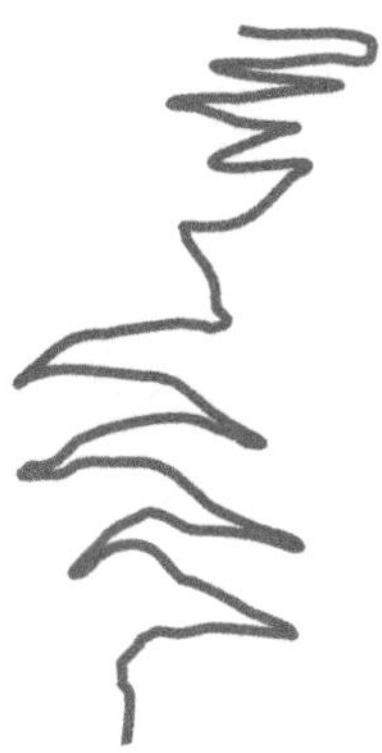

Als Radprofi wird man zum Arzt in eigener Sache. Du spürst ganz genau in deinen Körper hinein, du kennst ihn bis in den letzten Winkel, bei der Massage hörst du immer wieder die Namen der Muskeln, langsam kenne ich mich in Anatomie richtig gut aus. Wenn du einen kleinen Durchhänger hast, gibt man dir Nahrungsergänzungsmittel, damit du ohne Mangelerscheinungen bei deinem Wettkampfgewicht bleibst. Ich könnte auch als Ernährungsberater arbeiten. Man gibt dir andere Sachen für die Regeneration und Sauerstoffzufuhr und erklärt dir dabei, dass Sauerstoff der Treibstoff für deine Muskeln ist. Ich könnte eine Apotheke eröffnen. Ich kontrolliere meine Atmung, ruhiger und ruhiger, und ich lasse die Luft sanft in meine Glieder strömen. Ich weiß zum Beispiel, dass ich ein Lungenvolumen von sechs Litern habe. Bei normalen Menschen liegt dieser Wert bei drei bis vier Litern. All die kleinen Nackenmuskeln entspannen sich. Es ist gar nicht so einfach, sie nachts zu entspannen, denn tagsüber versorge ich sie die ganze Zeit in rauen Mengen mit Treibstoff. Ganze Züge, Kesselwagen, Sattelschlepperkolonnen im Just-in-time-Verfahren rollen an. Logischerweise benötigt man sehr viel Verladepersonal, um das alles in die Muskeln zu bringen. Dabei wird der Sauerstoff nicht etwa von großen Kippern abgeladen, sondern es sind vielmehr kleine Pakete, die man am richtigen Ort und durch die richtige Öffnung mit der richtigen Größe zustellen muss. Anderenfalls rottet der Treibstoffberg in den Containern vor sich hin und geht dorthin zurück, wo er hergekommen ist – und das wäre reine Verschwendung. In Kurve 6 brauche ich jede verfügbare Arbeitskraft. Meine 6 Liter Lungenvolumen erfordern fleißige und engagierte Arbeit, wie in den Fiat-Werken von Agnelli, in einem Bienenstock … Vollbeschäftigung, die Wärter schlagen mit der Peitsche, die Trommeln schlagen in einem beunruhigenden Rhythmus. Aber jetzt ist es Nacht, meine Beine sind schwer, wir haben hier keinen Drei-Schicht-Betrieb, alle ins Bett, in den Arbeitersiedlungen gehen die Lichter aus. Morgen steht eine Großlieferung auf dem Programm, also kommt mir nicht damit, dass ich müde bin und zu wenig Schlaf hatte. Macht euch klar, dass in Kurve 6 alle auf der Brücke stehen und die Trommeln einen irreschnellen Takt vorgeben werden. Ich habe euch gewarnt. Ich habe eine große Lunge und große Ohren. Schon komisch – beide Organe haben eine ähnliche Form. Darüber werde ich mit Christina sprechen, ich bin sicher, dass es sie interessieren wird. Christina und ich, wir locken die ganze Welt auf unsere Tanzfläche. Und morgen wird es richtig voll werden.

## *14. FEBRUAR 1997

Wir haben die beiden Aufnahmen des Tages im Kasten. Marco, der Brummbär, macht nur widerwillig mit. Nach einigen Minuten voller Anspannung meinte er schließlich, dass heute Valentinstag sei, dass wir uns am Valentinstag kennengelernt hätten – danke, weiß ich – und dass wir das feiern könnten, auch wenn ich nicht sonderlich romantisch sei. Ich habe gelacht und ihm erzählt, was ich mir zum Valentinstag überlegt hatte. Er reagierte sehr wütend und sagte einige furchtbare Dinge zu mir: dass ich nicht aus Prinzip die Künstlerin geben müsse, dass es auch Gefühle geben würde – danke, weiß ich. Ich war schockiert darüber, dass wir derartige Rückschritte machen, fühlte mich gleichzeitig aber auch bestärkt, weil ich merkte, dass der Valentinstag die gleichen schleimigen Affekte auslöst wie Weihnachten. Der Valentinstag und Weihnachten sind riesige Verschwörungen, die das Ziel haben, die menschliche Spezies zu vernichten. Ich mache mir Sorgen, weil es in eine Zeit fällt, in der wir so gut miteinander harmonieren, uns auf Augenhöhe bewegen. Ich hoffe, dass schnell etwas geschieht, damit dieser Quatsch aufhört. Mal sehen, ob er sich morgen fotografieren lässt.

# 5

Entlang der Straße reihen sich Körper an Körper. Keine Musik, jeder Tänzer in seinem eigenen Tempo, das Rennen gibt das Tempo vor, und alle sind in Bewegung. Und genau wie Christina befinde ich mich im Zentrum der Tanzfläche. In meinen Beinen sind alle bei der Arbeit. Und alles verschwindet – die Kulisse, die Straße, man sieht nur noch die Tänzer. Bis Kurve 5 gehört die Straße den Rennfahrern. Das schwarze Band ist immer klar und deutlich zu sehen, auf jeder Seite feiert ein Spalier aus Tänzern, das schwarze Band ist unsere Arena.

*Gott mit geflügelten Sandalen*
*Erhaben, mein Tempel, die Qualen*

Mein Sport ist die einzige Religion, bei der das Publikum die Götter berührt, man heißt sie bei sich willkommen und zahlt keinen Eintritt. Man kann auf dieser Straße jeden Tag mit seinem Kleinwagen zur Arbeit fahren, doch wenn die Götter kommen, wird die gleiche Straße zum Tempel. Nach Kurve 5 treten die beiden aus Tänzern bestehenden Ströme, die bis dahin die Straße säumten, über die Ufer. Sie schäumen und werden zu einem Ozean, der sich vor den Göttern auftut. Ab da wechseln wir die Sportart: Die Tänzer starten einen Pogo, die Straße zieht nicht mehr unter meinen Rädern vorbei, vielmehr öffnet sie sich und greift nach mir, ich tauche ab, ein Weg nach nirgendwo ins Nichts, es gibt nur noch die Anstrengung. Zwischen der Anstrengung und den Tänzern bildet sich eine neue, aquatische Verbindung, mein Leiden ist ihre Musik. Ich atme immer ruhiger, fast bis zur Luftnot hin, ein sanfter Ozean umgibt mich, mein Körper schwebt. Bis hier konnte ich meinen Fortschritt am Straßenverlauf erahnen. Damit ist es nun vorbei, ich trete abstrakt in die Pedale. Vielleicht rolle ich gar nicht mehr auf dem Straßenbelag. Vielleicht bin ich auch dann auf dem richtigen Weg – Straße hin oder her –, solange es bergauf geht und ich mich inmitten der Menschenmenge befinde. Der Ozean donnert geräuschvoll, wie ein einzelnes Wort, das über die *Misericordia* von Monteverdi hinausgeht. Bis hier zog die Geräuschkulisse wie die Straße an mir vorbei, gab mir Anhaltspunkte über die Strecke. Doch jetzt tragen sie mich wie das Wasser des Ozeans, und man spürt, je tiefer es ist, desto mehr kann es tragen. Ich hasse die Menge, die um meinen verzweifelten Überlebenskampf herumtanzt, also beschleunige ich einmal mehr, um in die Masse einzutauchen, aber sie öffnet sich unaufhaltsam vor mir, und ich werde sie nie erreichen. Dann liebe ich sie, sie ist stärker als ich, liebevoller als alles andere, sie öffnet sich stets vor mir. Niemals schneller als ich, niemals langsamer, sie ist ich. Ein Potpourri aus Keuchen, Tremolos, Berührungen – danach gibt es keine Kurven mehr, sondern nur noch Dekompressionspausen wie beim Tauchen. Ich höre die Luft durch die Leitungen strömen, die Sauerstoffflaschen sprudeln hörbar, mein Körper schwebt frei zwischen zwei Gewässern, er geht noch eine Stufe weiter in Richtung eines riesigen Ozeans aus Schlaf.

## *11. MÄRZ 1997

Da Marco jetzt genug Bart hat und seine Haare lang genug sind, können wir Schritt für Schritt mit der Rasur beginnen. Wir haben beschlossen, pro Rasurphase zwei Fotos zu machen. Das verlängert die Sequenz und hebt eine entscheidende Etappe hervor. Wir haben es zunächst gar nicht bemerkt, weil das Wachstum allmählich einsetzt, aber Marcos Bart und das, was von seinen Haaren übrig geblieben ist, wachsen sehr dicht. Ich finde, dieser Look eines erleuchteten Penners steht ihm sehr gut. Doch für ihn ergibt sich das Problem der Windschnittigkeit, und es bricht nicht stark genug mit seinem früheren Charakter. Es stimmt schon, wir haben uns für den Piraten entschieden. Zunächst rasierte er sich den Kopf, ohne den Bart anzurühren. Das Ergebnis sah für seinen Geschmack nicht böse genug aus, und das Problem mit der Aerodynamik bestand ja weiterhin – zugegeben, es sah ein wenig nach Teddybär aus. Also sind wir Eis essen gegangen – eines Tages muss ich ihm gestehen, dass ich im Winter nicht gern Eis essen gehe – und haben uns *Peter Pan* auf VHS ausgeliehen, weil ihm der Bart von Captain Hook seiner Erinnerung nach gefiel und er sich daran ein Vorbild nehmen wollte. Als wir den Film schauten, waren wir ein bisschen enttäuscht, da Captain Hook nur einen Schnurrbart trägt. Dann nahmen wir uns den Bart vor, aber stutzten ihn nur ein wenig. Nicht schlecht. Das Ergebnis ist eher beängstigend als angsterregend (dabei will er doch Angst und Schrecken verbreiten ...).

Nächster Schritt: eine Art Spitzbart, der sein Gesicht viel strenger erscheinen lässt. Natürlich war er begeistert.

Zum Schluss sieht der Schnurrbart genau wie der von Captain Hook aus – dünn, ziemlich lang und mit einer kleinen Spitze an der Lippe. Wir kamen dem klassischen Bild eines Piraten mit leichtem Musketier-Charme ziemlich nahe. Das hat mir sehr gut gefallen, ihm wohl eher nicht so, glaube ich. Es ist sehr interessant, den Wandel einer Person zu beobachten. Neue Möglichkeiten ergreifen, sich endlich anschauen, mit sich klarkommen. Wir haben uns die Fotosequenz angeschaut – es funktioniert! Man sieht, wie seine unterschiedlichen Gemütslagen des Tages im Schnelldurchlauf vorbeiziehen. Er ändert seinen Gesichtsausdruck tausendmal in wenigen Sekunden, das ist schön.

# 4

Die Menge produziert nur einen dumpfen, undeutlichen Klang, der alles träge macht. Ein Strudel saugt mich an, krümmt sich. Ich ergebe mich diesem Sog – er geht in den Schlaf über, der mich überkommt. Ich bin fast sicher, für einen kurzen Moment das Bewusstsein verloren zu haben. Ich habe keine Lust mehr, Christina anzurufen, dazu müsste ich mich ja aufrichten. *E vola vola con me.* Auch ich habe etwas, das sie nie erleben wird: in das Meer der Tänzer einzutauchen, die Stufen hinabzusteigen. Aber ich weiß nicht, wie ich es genießen soll. Es geht nicht darum, etwas an Stärke hinzuzugewinnen, sondern darum, in jeder Sekunde meines Daseins zu wissen, dass ich etwas nur für mich habe, das ihr nicht zugänglich ist, dass auch ich mich in Richtung eines Mysteriums erhebe. Um die Angst zu lindern, um ein festes und stabiles Fundament zu schaffen, auf dem mein Körper einschläft. Um das redlich zu genießen, zu unserem eigenen Glück. Die Menge tritt beiseite, und ich tauche in sie hinein wie in Christina, mit Wollust. Ich glaube, ich suche die Lust und finde das Vergessen. *Fuori e dentro di te.* Innerhalb und außerhalb von dir, ich gleite durch die Berge und der vulvischen Menge, der Strudel saugt mich nach rechts.

## *15. MÄRZ 1997

Wir sind offenkundig am Ende des Transformationsprozesses angelangt. Ich habe nicht gleich bemerkt, dass nach der Rasur in Sachen Transformation nicht mehr viel passiert und der Film daher sehr kurz ist. Wir haben beschlossen, weiterhin zwei Fotos pro Tag aufzunehmen, mal sehen, was sich daraus ergibt. Marco hat wieder begonnen, täglich aufs Rad zu steigen. Zur Vorbereitung würde er gern bei einem kleinen Amateurrennen mitmachen. Aber er sagt, man würde ihn nicht teilnehmen lassen, da man ihn sofort erkennen würde – ein Chaos würde losbrechen. Da fällt mir vielleicht eine Lösung ein, ich hatte ja noch das Geschenk für ihn. Es hat ihn äußerst amüsiert, und er ist einverstanden, es zu probieren. Aber er muss seinen Kinnbart abrasieren, weil es sonst einfach zu bizarr wirken würde. Stimmt schon, lange blonde Haare in Kombination mit einem schwarzen Bart … Und wenn er den Bart abrasiert und er dann wieder nachwächst, bringt das ein paar zusätzliche Sekunden für unsere kleine Filmsequenz. Wir haben zwei Fotos mit der Perücke gemacht – auch sie hat nun ihren Platz im Transformationsprozess gefunden. Ich bin zufrieden. Er kann sich langsam selbst betrachten, ohne bedrückt zu sein. Er kümmert sich um sein Äußeres. Und er setzt sich mit der Beziehung zu seinem Spiegelbild auseinander.

Er ist wirklich mit der Perücke auf dem Kopf losgezogen, und ich glaube, er wird sie im Rennen tatsächlich tragen. Wir sind gerade dabei, ein Werk zu schaffen. Unter diesen Umständen bin ich sogar weniger abgeneigt, dieses Wort zu verwenden.

Erkenntnis: Es scheint, dass ich seit einem Jahr nicht mehr von dem Wunsch losgekommen bin, ein Projekt zu verwirklichen. Marco hat mir dabei geholfen, und dieses Projekt wiederum hat Marco und mir geholfen. Das war ja praktisch der Grundgedanke. Etwas zu tun, um nicht unterzugehen. Tänzerin in einem Nachtclub, Frau an der

Seite eines Radprofis. Wir hatten ein Jahr Zeit. Wir haben die Zeit genutzt und etwas daraus gemacht. In Kürze geht die Saison wieder los. Ich muss mir überlegen, wie es weitergehen soll. Und ich muss herausfinden, wie ich die Kunstschule finanzieren kann – und zwar schnell.

# 3

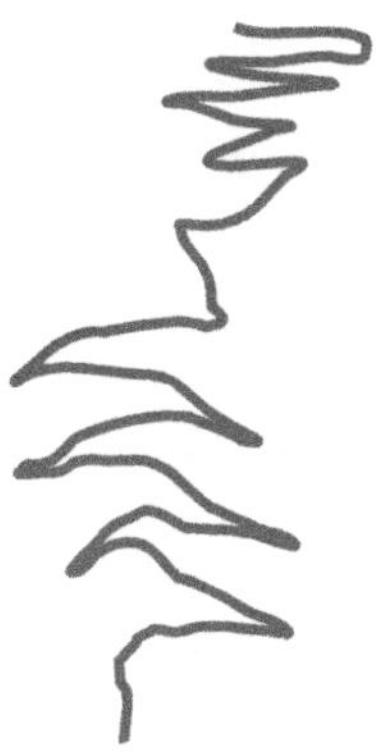

Ich erlebe eine sensorische Isolation, die Umkehr der Entbindung, ich schlüpfe in den Uterus. Der Lärm und die Aufregung formen eine Fruchtblase, das Geschrei und die Motoren, die wirren Bässe von außen, die Welt ist draußen, ich bin im Ei. Ich atme kaum noch, ich bin fötal. Die immer deutlicher werdenden Schlafwellen versetzen mich in einen Urfrieden. Meine Gedanken verlangsamen sich, sie kommen in immer größeren Abständen. In diesen Abständen stellt sich ein Dämmerschlaf ein, der sich nicht unterdrücken lässt. *E vola vola con me.* Christina fliegt mit mir in die Menge der Fruchtblasentänzer. *Stammi più vicino.* Lass uns einander noch fester halten, man weiß nicht, ob man auf dem Kopf steht, ob man untergeht, ob man auftaucht. Die Menge hat den Berg eingenommen – ein Magma, ein molekulares Treiben, alles ist miteinander verbunden, wie im Wald bei Charly. Ich bin die Menge, die wiederum der Berg ist, der kopfüber auf einen immer blauer werdenden Himmel gebettet ist. Alles ruht auf dem Himmel; auf den Himmel werde ich fallen, wenn ich rückwärs geboren werde.

## *7. MAI 1997

Marco fährt immer mehr Rad, er trainiert, meldet sich für Rennen an, der Radrennfahrer ist zurück. Ein Jahr ist vergangen, und alles, was ich mir ausgedacht habe, befindet sich in diesem Heft. Dazu ein Film von rund dreißig Sekunden Länge. Innerhalb eines Jahres habe ich mir nicht mehr ausgedacht als das – es ist zum Verzweifeln! Ich habe einige Impulse festgehalten, aber nichts weiter umgesetzt. Es macht mich neidisch, wenn ich sehe, wie Marco seiner Bestimmung folgt, ergriffen von dem, was er gut kann. Wenn er nicht Rad fährt, dann nur, weil er nicht kann. Ich kann, ich will, aber ich habe keine Berufung. Ich habe nichts, das ich gut kann. Ich habe kein Fahrrad, das ich auseinanderbauen kann, keine Pinsel zu reinigen. Ich bin gezwungen, sehr gut zu sein, weil ich ein Niemand bin. Vor allem nicht die Frau Pantanis, die sich der Kunst hingibt, weil sie arbeitslos ist – wie schrecklich! Ich muss der Wahrheit ins Auge sehen, die Ärmel hochkrempeln und die ganze Sache anpacken. Nichts ist schlimmer als eine Künstlerin ohne Werk. Ab morgen muss ich zumindest einen Entwurf haben, etwas Unvollkommenes, das ich vorzeigen kann (wenn auch nur für mich selbst; selbst, wenn es der größte Scheiß ist). Das Wichtigste ist, dass ich keine großen Reden über irgendwelche Einfälle schwinge, die ich sowieso nur halbherzig in Betracht gezogen hatte und die vielleicht gar nichts taugen. Dass ich nicht erkläre, an etwas zu arbeiten, das man noch nicht sehen kann, ohne zuzugeben, dass da gar nichts ist. Ich möchte nicht, dass sich das Leben vor mir verschließt. Morgen werde ich mir Pinsel und Farbe kaufen – egal welche – und ich werde mir die Hände schmutzig machen. Und mit schmutzigen Händen werde ich mich an der Kunstschule einschreiben. Ein Jahr ist vergangen, und ich habe mich noch nicht einmal mit den Formalitäten beschäftigt. Das Einzige, das ich heute vorzeigen könnte, ist der kleine Film über die Transformation von Marco. Ich habe nichts getan, und das, was ich getan habe, habe ich zusammen mit ihm gemacht. Das allein ist schon beachtlich.

# 2

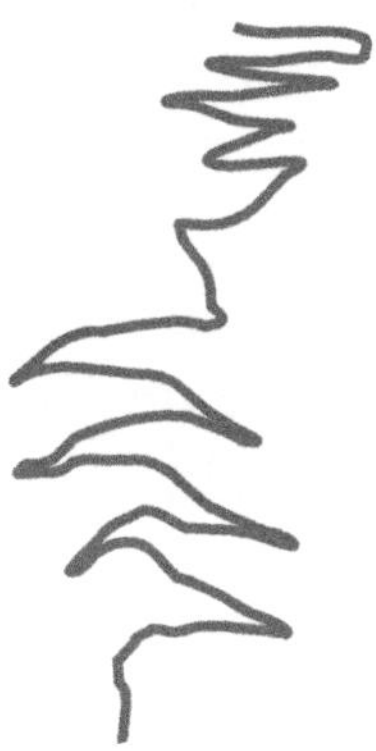

Christina zeichnet eine enge Rechtskurve, der Verfolger geht aus dem Windschatten. Ich folge ihr, die Tänzer ziehen sich wieder um uns herum zurück, das Licht kommt nicht mehr durch, wir sind im Bauch. Wir tauchen ein in dieses Gemisch aus tiefen Bässen, aus dem sporadisch hohe Töne aufsteigen. In diesem Klangraum erzeugen Christina und ich Arabesken berauschter Seepferdchen.

## *26. MAI 1997

„Internationale Studierende, die sich für den dreijährigen Studiengang der bildenden Künste einschreiben wollen, müssen eine Aufnahmeprüfung ablegen, zu der auch ein persönliches Gespräch gehört, in dem die Eignung, Motivation und die notwendigen Grundlagen für den gewählten Kurs überprüft werden."

- Motivation: Dieser Frage bin ich in diesem Heft bereits näher auf dem Grund gegangen. Alles in eine Form bringen, darauf bestehen, dass ich mich zur Genderfrage äußere, und diese mit meinen Erfahrungen in Verbindung bringen. Soll ich Marco und seine Rolle in diesem Prozess erwähnen oder nicht? Darüber nachdenken, entscheiden.
- Notwendige Grundlagen: Ich gehe davon aus, dass es sich hierbei um Allgemeinbildung und Kunstgeschichte handelt. Ich muss ein paar ehemalige Studenten kontaktieren und herausfinden, auf welchen Bereichen der Fokus liegt. Ich kann mir nicht innerhalb weniger Monate ein derart fächerübergreifendes Wissen aneignen. Ich glaube, Mario hatte sich auf den Auswahlprozess vorbereitet – ihn fragen. In der Akademie gibt es eine bedeutende Bibliothek; mindestens

an zwei Tagen pro Woche Bücher wälzen und das Wichtigste auf Karteikarten festhalten.

- Eignungsgespräch: Welche Fähigkeiten, Zeichnen, Malerei, Projektentwürfe? Versuchen, einen Termin in der Akademie zu vereinbaren, um diesen Punkt zu klären. Mein halbes Wohnzimmer hat sich in ein Atelier verwandelt. Marco kam mehrmals her und malte neben mir. Das Frühlingslicht fällt in den Raum, es ist äußerst anmutig. Ich bin nicht begabter als er. Auch wenn er sehr bildlich malt, zeigt er eine Entschlossenheit in seiner Ausführung, die ich bei ihm nicht vermutet hätte. Er malt vor allem Selbstporträts. Ich glaube, dass ihm das dabei hilft, seine Transformation zu verarbeiten. In Bezug auf die bildende Kunst ist er sehr neugierig und flexibel. Was die Musik betrifft, ist er hingegen unverbesserlich. Er verleiht der italienischen Popmusik eine fast heilige, unverständliche Tiefgründigkeit. Es ist schön, neben jemandem zu arbeiten, der keinerlei konzeptionelle Bedenken hat. Es befreit mich und führt dazu, dass ich mich ganz einfachen Dingen widme. Ich habe eine Serie mit verschiedenen Gemüsesorten begonnen, die ich allesamt gern in ihrer erotischen Dimension verwirklicht sehen möchte.

# 1

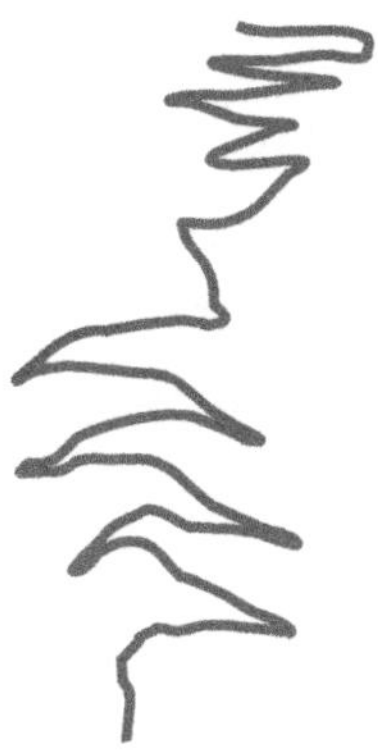

Ich bin in der Menge eingeschlafen, ich schlafe ein. Rechtskurve, Kurve 1. Charly hat mir gesagt, ich werde schon sehen, es dauert eine gewisse Zeit. Mir scheint, als ob danach immer etwas kommt, und dass es auch dann noch eine gewisse Zeit dauert. In Kurve 1 lernt man, dass sie noch nicht das Ende bedeutet, dass danach noch etwas kommt und dass es noch eine gewisse Zeit dauert. Alles hat nachgelassen, die Steigung, die Anzahl der Zuschauer, man kommt in die Skistation, Dekompressionspause gegenüber der Wirklichkeit. Nach Kurve 1 bleiben anderthalb Kilometer, nach denen eine weite Rechtskurve wartet – eine Kurve ohne Nummer, eine Kurve, die nicht existiert. Morgen werde ich diese Kurve und alles, was nicht zählt, ehren. Ich werde noch einmal kurz beschleunigen, aus dem Sattel gehen, Vollgas geben, und ich werde sie ganz außen nehmen. Ich werde im Vorbeifliegen die glänzenden Augen eines Zuschauers erfassen, mein Gesicht nur wenige Zentimeter von seinem entfernt. In seinem leuchtenden Antlitz erkenne ich seine Überzeugung, dass er allein mir zum Sieg verhilft, dass mein Sieg auch der seine ist, so wie der Song von Ricchi und Poveri der meine ist. Das Bedeutungslose ehren, das werde ich in der Kurve machen, die es nicht gibt. Es hat eine gewisse Zeit gedauert, alle anderen habe ich schon längst abgehängt. Ich klettere schnell, um meine Qualen zu verkürzen, um zur Belohnung nach einer gewissen Zeit eine lange Schleife durch die Station zu drehen und dann die andere nicht gewertete Kurve zu passieren. Aber sie existiert, denn sie ist die letzte, sie ist diejenige, in der ich vor zwei Jahren fast gestürzt wäre, Dekompressionspause gegenüber der Realität, diejenige, die mich zur Ziellinie bringt, zu meinem Vater mit seinem Pantani-T-Shirt. Ich werde diese Kurve nicht nehmen, ich stürze ab, ich fahre geradeaus. Hunderte Gesichter hinter der Barriere, und das von

Charly. Charly ist da! Vor dir werde ich alle Fehler, alle Verrücktheiten machen. Und ich werde mich in diese Barriere zu deinen Füßen stürzen. Du bist eingeschlafen, Marco, wach auf, halt durch bis zum Ziel. Dieses Gesicht ist nicht das von Charly, ich fahre nicht geradeaus. Zu viele Menschen erwarten, dass ich falle, diesen *Gefallen* darf ich ihnen nicht tun. Die letzte Dekompressionspause. Ich beschleunige noch einmal, nur um viel zu schnell in diese Kurve hineinzufahren, die letzte, um der Ekstase noch mehr Ekstase, dem Geschrei noch mehr Geschrei hinzuzufügen. Ich füge dem Jubel, der dem Sieger gebührt, den Aufschrei hinzu, den man dem Akrobaten entgegenwirft, wenn dieser ohne Sicherung halb von seinem Seil abrutscht. Ich darf nicht einschlafen, ich muss durchhalten, das Ziel ist nur noch wenige Meter entfernt. Nur noch ein kleines bisschen weiter, dann wartet das Ende.

Morgen werde ich mich noch einmal vergewissern, ob die Ziellinie eine Schnittstelle zwischen meinem Königreich und der Realität ist. Ich richte mich auf, recke die Arme in den Himmel, weil das Sieger eben so machen. Die Imitation einer Figur, die Imitation einer Imitation, und jenseits der Linie wird die Realität plötzlich wie ein Amboss herniederfallen: Abbremsen, Kameras, Mikrofone, Fußmarsch, Gedränge, Umarmungen, mein Vater, Handtuch, Erschöpfung, Sprecher, Crédit Lyonnais, Coca-Cola.

Es riecht noch immer nach dem gammligen Fleisch.

Lieber schlafen.

Die Deutsche Nationalbibliothek verzeichnet diese Publikation in der Deutschen Nationalbibliografie; detaillierte bibliografische Daten sind im Internet über http://dnb.dnb.de abrufbar.


Die Originalausgabe erschien 2021 unter dem Titel „21 virages“
www.en-exergue.fr

1. Auflage
ISBN 978-3-667-12837-9


Bearbeitung der deutschen Ausgabe:
Covermotiv: Jean-Yves Ruszniewski/Gettyimages
Übersetzung: Robert Paulig
Lektorat: René Stein, Stephanie Jaeschke, Andrea Clages
Umschlaggestaltung: Jörg Weusthoff, www.wundrdesign.de
Gesamtherstellung: Die Werkstatt Medien-Produktion GmbH, Göttingen

FSC www.fsc.org MIX Papier | Fördert gute Waldnutzung FSC® C083411

Druck: CPI, Leck
Printed in Germany 2024



Delius Klasing Verlag GmbH, Siekerwall 21, D - 33602 Bielefeld
Tel.: 0521/559-0, Fax: 0521/559-115
E-Mail: info@delius-klasing.de
www.delius-klasing.de